TRANSITANDO ENTRE GERAÇÕES

Transitando entre gerações

1ª edição: Abril 2025

Autor:
Antonio Carlos Pipponzi

Preparação de texto:
3GB Consulting

Revisão:
Debora Capella
Iracy Borges

Projeto gráfico:
Jéssica Wendy

Capa:
Rafael Brum

Foto de capa:
Marcelo Lozanis

Impressão:
Plena Print

DADOS INTERNACIONAIS DE CATALOGAÇÃO NA PUBLICAÇÃO (CIP)

Pipponzi, Antonio Carlos
Transitando entre gerações : a história centenária de uma pharmacia que se transformou na maior rede de farmácias do Brasil / Antonio Carlos Pipponzi. — Porto Alegre : Citadel, 2025.
240 p. : il., color.

ISBN: 978-65-5047-604-5

1. Empresários - Brasil - Biografia 2. Negócios 3. Droga Raia (empresa) – História I. Título

25-1045 CDD - 926.58

Angélica Ilacqua - Bibliotecária - CRB-8/7057

Produção editorial e distribuição:

CITADEL
Grupo Editorial

contato@citadel.com.br
www.citadel.com.br

ANTONIO CARLOS PIPPONZI

TRANSITANDO ENTRE GERAÇÕES

A **HISTÓRIA CENTENÁRIA** DE UMA *PHARMACIA* QUE SE TRANSFORMOU NA **MAIOR REDE DE FARMÁCIAS DO BRASIL**

CITADEL
Grupo Editorial
2025

SUMÁRIO

DEDICATÓRIA

Ao meu avô **João Baptista Raia**, fundador da nossa primeira farmácia, cujo legado de cuidado com as pessoas, transmitido através de **Herculano de Oliveira**, permanece até hoje.

Ao meu pai, **Arturo Pipponzi**, cujo espírito empreendedor garantiu a continuidade da empresa na segunda geração, quando poucos acreditavam que isso seria possível.

Aos meus irmãos, **Franco** e **Rosalia**, que compartilharam comigo um sonho de crescimento, colocando sempre os interesses da empresa acima de nossos interesses individuais.

Aos meus **sobrinhos** e **filhos**, que, além de abrirem a empresa para o mundo, nunca pararam de sonhar.

Aos meus sócios, **Carlos Pires** e **Paulo Galvão**, que acreditaram na fusão de nossos legados para construir a empresa maravilhosa da qual muito nos orgulhamos.

DEDICATÓRIA ESPECIAL

Dedico este livro à **Marthinha**, minha segunda esposa, com quem estou casado há dois anos e que, além de me convencer a escrever este livro, foi a mulher que me fez feliz num momento em que eu achava que isso já não seria mais possível.

AGRADECIMENTOS

Às minhas queridas sobrinhas **Marta** e **Kika** e ao meu querido filho **Rodrigo**, que muito contribuíram para a elaboração deste livro.

NOTA DO AUTOR

Ao longo dos últimos anos, não foram poucas as vezes que recebi provocações quanto a escrever um livro.

Hoje, prestes a deixar a liderança que exerci na empresa por 48 anos, 35 deles à frente da direção executiva da Raia e 13 na liderança do Conselho da RD Saúde, passei a entender que escrever um livro poderia ser uma forma de deixar um legado importante.

O primeiro motivo que encontrei foi a contribuição que eu poderia dar às empresas familiares. Vivi, direta ou indiretamente, quatro gerações de uma empresa que neste ano completa 120 anos de existência sempre comandada por lideranças familiares.

Uma empresa brasileira que chega a uma quarta geração tem muito a compartilhar. Além de sobreviver a eventos externos de extrema criticidade, no país e no mundo, na maioria das vezes são os eventos internos que fazem com que apenas 30% sobrevivam à segunda geração, 12% sobrevivam à terceira e menos de 5% à quarta.

Procurei, com a narrativa da nossa história, contar um pouco das armadilhas que se colocam à sobrevivência delas, especialmente nas passagens de gerações.

O segundo motivo foi colocar minha experiência, aquirida ao longo de quase uma centena de mentorias feitas a jovens empreendedores, a serviço deles, destacando minhas crenças sobre a importância da estratégia, da cultura e do olhar de longo prazo. Ótimos empreendedores, com ótimos projetos, se perdem pela ânsia do sucesso rápido.

O terceiro motivo foi impedir que se perdessem no tempo os detalhes de uma construção tão perene. Para tanto, me entreguei de forma incessante a buscar todos os fatos, nos mais variados documentos que consegui coletar para montar a narrativa.

A história está longe de terminar. Certamente outros livros virão. E eu continuarei a fazer parte dela, me dedicando com o mesmo amor que me dediquei nestes 48 anos que se encerram.

ORIGENS

Em 1938, um sábado de manhã, Arturo fazia a barba quando ouviu um forte estampido. Preocupado, vestiu o casaco por cima do pijama e desceu as escadas da pensão onde morava para pegar sua bicicleta e chegar à fábrica onde trabalhava, que ficava a cerca de um quilômetro da pensão. O guidão da bicicleta de Arturo estava enganchado na bicicleta ao lado, e ele tentou sem sucesso soltá-lo. Com pressa, desistiu da bicicleta e correu pelo trajeto de um quilômetro que fazia todos os dias. Na metade do caminho, foi surpreendido por um segundo estampido, tão violento que fez seu corpo voar. A fábrica havia explodido e sido totalmente destruída, matando sessenta pessoas, dentre elas a maioria de seus amigos. Arturo era meu pai.

Arturo nasceu em 1912, na região de Le Marche, na Itália, o terceiro de seis irmãos. Seu pai, Davide, era chefe da estação de trens e morreu prematuramente, quando meu pai tinha dezesseis anos. Sua esposa, que viria a ser minha avó Rosa, assumiu uma função de maquinista de trem em seu lugar, algo pouco comum na época. A ausência da mãe durante o dia fez com que as crianças se aproximassem do padre Giuseppe, cuja influência contribuiu para que Ave, a irmã mais nova, se tornasse freira e vivesse num convento em Roma até o final da vida, aos 101 anos.

O contexto turbulento da época e a ausência da figura paterna não impediram que meu pai se formasse com muito esforço como técnico em Química, aos vinte anos. Em seguida, cumpriu serviço militar em Lucca, cursando a escola de oficiais, onde alcançou posição de tenente. Foi no Exército que conheceu e se tornou amigo de um dos grandes herdeiros da fábrica Bombrini e Parodi, em Colleferro, cidade próxima a Roma, o qual o convidou a participar de um projeto em fase de desenvolvimento cujo objetivo era a produção de uma substância capaz de estabilizar a pólvora. Em 1935, começou a carreira na fábrica. Após a explosão, com a fábrica reconstruída, Arturo permaneceu trabalhando até 1943. Foi nesse ano que conheceu Anna, sua primeira mulher, com quem se casou ao som de bombardeios, como ele costumava contar. Em 1945, nasceu seu primeiro filho, Franco. No final da guerra, a Itália passava por um cenário de extrema dificuldade, com escassez de alimentos, recursos, emprego e medicamentos. Anna contraiu uma grave pneumonia e, sem acesso a penicilina, veio a falecer.

> **Em 1948, sem perspectivas de trabalho, viúvo e com um filho de nove meses, Arturo deixou Franco aos cuidados de sua mãe, Rosa, e partiu para o Brasil.**

Em São Paulo, acolhido pela colônia italiana, encontrou emprego nas Indústrias Pignatari.

Pouco tempo depois de sua chegada ao Brasil, conheceu Ada, amiga de uma moça que frequentava as aulas de canto lírico no andar de baixo da pensão onde ele morava, na Bela Vista. Ada era filha de João Baptista Raia, um imigrante italiano que havia chegado ao Brasil no final do século 19 em busca de uma vida melhor. Ada e Arturo se casaram em 1949 e retornaram em lua de mel para a Itália, para buscar Franco. Lembro-me da emoção do meu pai ao contar como foi difícil tirar meu irmão dos braços da minha avó e da devoção da minha mãe para receber e criar uma criança de quatro anos. De volta ao Brasil, alugaram uma casa na Vila Violeta, na Alameda Jaú, e começaram uma nova vida. Anos mais tarde, tiveram mais dois filhos: minha irmã, Rosalia, em setembro de 1950, e eu, em agosto de 1952.

João Baptista Raia, meu avô, chegou ao Brasil em 1895 aos dezesseis anos e teve o nome mudado de Giovanni para João pelos escrivães da época, que não tinham familiaridade com outros idiomas. Nasceu em 1879, em Viggiano, cidade da região de Basilicata, no sul da Itália. Na juventude dele, a Itália vivia momentos bastante conturbados após o processo de unificação, em 1861, que dera origem à nação italiana, por isso seu pai entendeu ser melhor, para os filhos, deixarem a Itália. Assim, à medida que cada filho completava dezesseis anos, dava uma quantia em dinheiro para que começassem a vida fora. E o Brasil, um país de oportunidades que vinha recebendo uma legião de italianos da época, foi o destino escolhido.

Quando desembarcou no Brasil, João Baptista foi direto para São Paulo, onde trabalhou em algumas farmácias da cidade, encantando-se assim com a profissão de farmacêutico. Formou-se na Escola de Farmácia, Odontologia e Obstetrícia de São Paulo, mais tarde incorporada à Universidade de São Paulo (USP). Seguiu, depois de formado, para Araraquara, onde residia um de seus irmãos que já viera da Itália. Um ano depois de trabalhar como sócio em uma farmácia, em 1905, abriu sua *pharmacia*. Foi em Araraquara que conheceu Raphaella, com quem se casou e foi morar numa casa nos fundos da sua farmácia. Casou-se em 1910. Ali nasceram seus sete filhos, sendo Ada, minha mãe, a mais velha.

Desde o início da atuação como farmacêutico, meu avô demonstrou vocação para o atendimento e o cuidado com o cliente: não aceitava dizer um "não" qualquer que fosse o cliente, debruçava-se para encontrar soluções e fazia concessão de preços aos que não podiam pagar. Se a farmácia fechava, "ele não fechava"; permanecia em casa nos fundos da farmácia, disponível 24 horas por dia, sete dias por semana. Em 1918, quando a gripe espanhola assolou o país e o mundo, a Pharmacia Raia não fechou as portas. Aos poucos, meu avô se consagrou como uma referência em saúde, construindo história não só em Araraquara – habitantes das cidades vizinhas se deslocavam nos finais de semana para serem atendidos por ele, que reduzia seu almoço a um ovo frito que minha avó Raphaella pedia para alguém levar.

Segundo minha mãe, esse movimento de clientes nos finais de semana atraía uma quantidade enorme de vendedores ambulantes que por vezes congestionava a entrada da farmácia.

> **Além da vocação de farmacêutico, João Baptista tinha uma visão empreendedora: em 1918, tendo apenas uma farmácia, registrou a sua marca.**

Um sinal de que sabia o que pretendia fazer adiante. Tinha também uma visão muito avançada em relação à formação dos seus sete filhos – cinco mulheres e dois homens. Deixou Araraquara em 1925 com toda a família e mudou-se para São Paulo a fim de que seus filhos pudessem ter acesso a um ensino de qualidade. Minha mãe, Ada, formou-se dentista e depois graduou-se em Letras, passando a ensinar português, francês e italiano. Os dois filhos se tornaram médicos, um dos quais, Arrigo Raia, um dos maiores gastroenterologistas que o país já teve.

A mudança não impediu que a Pharmacia Raia continuasse operando. João Baptista havia formado um discípulo: Herculano de Oliveira, ou "Seu Oliveira", como era chamado pelos clientes. Herculano começou a carreira com quinze anos, lavando vidrinhos do laboratório, e depois se formou farmacêutico. Um farmacêutico que faria história na região araraquarense. Com a mudança do meu avô para São Paulo, tornou-se seu sócio na Pharmacia Raia de Araraquara.

UM FAROL, UM PORTO

Por Ignácio de Loyola Brandão

Havia muitas farmácias na cidade, mas quando queriam se referir à qualidade, diziam: Vá à Raia! Os médicos davam as receitas e aconselhavam: "É melhor aviar na Raia". Significava confiança, símbolo de excelência. Lembro-me de que existiam farmácias grandes no centro da cidade, mas o respeito para com a Raia superava tudo. Tinha se tornado uma marca, um referencial. Uma vez, minha mãe me levou ao doutor Renato Bastos, o pediatra de quase todas as crianças de Araraquara. Conhecia cada uma, a família, a condição social, as possibilidades, o histórico de saúde. O doutor Renato – que anos mais tarde descobri ser um integralista de boa estirpe – tinha em suas mãos o panorama da população. Pois uma vez, levado pela minha mãe ao seu consultório com uma infecção não diagnosticada, depois de perguntas e mais perguntas, exames com o estetoscópio, pesquisas em compêndios de capas marrons, grossos e pesados, o doutor Renato tomou uma decisão: "Vamos chamar o Oliveira!". Médicos e farmacêuticos tinham telefones, numa época em que eles eram escassos, símbolos de status e poder. Como a farmácia Raia, onde Oliveira pontificava, fica a duas quadras da Praça da Matriz, em dez minutos Oliveira entrou. Era um homem severo, de poucas palavras, e exercia seu pontificado havia anos, atrás dos balcões vetustos de madeira escura. Os dois confabularam, trocaram ideias, me examinaram. Oliveira olhou minha língua, minhas orelhas e deu uma sugestão ao doutor Renato: "Podemos tentar um caminho". E indicou uma beberagem que estaria pronta em uma hora. Eu nunca soube o que eu tinha, crianças não eram informadas sobre sua saúde, crianças não faziam perguntas, ou, se faziam, não obtinham respostas. No entanto me lembro que por anos minha mãe dizia que por sorte existia a Raia e, nela, o Oliveira.

Outra vez me caiu um banco no pé e esmagou a unha de um dos dedos. Era sábado, e meu pai correu à única farmácia aberta, a Raia. Parece que nunca fechava. Perguntou pelo Oliveira, que estava em casa. O farmacêutico substituto não quis pôr a mão, mas chamou o titular. Ele e meu pai se cumprimentaram solenes, meu dedo foi examinado, envolvido em gesso, fiquei um bom tempo sem colocar sapato. Assim, cresci tendo a Raia como uma espécie de farol. Havia um posto de saúde e um ambulatório da cidade, mas viviam cheios, o atendimento era gratuito, apressado, de carregação, como dizia minha mãe: "É melhor pagar um pouco na Raia, mas ter tranquilidade". Frequentar a farmácia era como ir à missa, ao cinema, ao parque infantil, um momento especial. Era chique e elegante com seu balcão e prateleiras de madeira escura. Seria mogno ou eram envernizadas de cor escura? Vidros grandes, imensos, viviam repletos de chupetas ou balas coloridas. Naquele tempo, os remédios vinham em vidros e se alinhavam nas prateleiras, brancos, marrons, ou com líquidos vermelho, rosa, verde. A disposição irregular era encantadora, parecia decoração. Escadas de madeira com rodinhas corriam para lá e para cá, e lembro-me de que o sonho de muita criança era brincar naquelas escadas. Imagine se o Oliveira ia deixar! Sua figura era érea, afável. Para nós, era o farmacèutico que sabia tudo. Tratava-se de uma profissão respeitada e considerada. Eram homens que zelavam por nossa saúde. Não podiam errar. Conheciam todas as fórmulas, remédios, comprimidos, pílulas, tônicos, xaropes para tosse, garganta, rouquidão, gripe. Faziam cataplasmas e emplastros naturais. Recomendavam tratamentos, indicavam cuidados, admoestavam mulheres recém-paridas que eram vistas na rua no período de quarentena. Uma vez, deu uma epidemia de gripe na cidade, não ficou um cristão sem nariz escorrendo, corpo doendo, moleza, olhos congestionados. Remédios desapareciam velozmente das prateleiras em todas as farmácias, e foi quando a Raia salvou a todos, porque tinha um estoque enorme, e cada trem de carga trazia mais e mais. Já era bem estruturada. Não sei se, então, existiam outras Raias em outras cidades, se a rede começava a ser montada. Somente depois, passados uns trinta anos, descobri isso ao me mudar para a Vila Mariana, em São Paulo, e encontrar uma Raia em uma esquina do Largo Ana Rosa. Entrei e perguntei: "É a mesma de Araraquara?". Responderam que sim, e desci para casa com uma sensação de alívio curiosa. Porque naquele momento me vieram todas as lembranças de infância e adolescência. E, acima de todas, aquela sensação de segurança, de atendimento, de eficiência. De ser não um freguês anônimo, mas uma pessoa, com nome e histórico. De saber que, acontecesse o que acontecesse, a Raia estava lá como um oásis, porto, farol, para cuidar de mim.

A partir do final da década de 1920, já com a vida estabilizada em São Paulo, meu avô entendeu que poderia expandir seu modelo de sucesso de Araraquara para outras cidades. Para isso, precisava de um sócio proprietário de farmácia, uma exigência legal da época. Dentro desse formato, em 1931 abriu a segunda farmácia, em Araçatuba, e em 1935, a terceira, em Piracicaba, ambas no interior de São Paulo. Esses farmacêuticos passavam a compor a sociedade Raia Cia. Ltda., controlada por João Baptista, sob a bandeira "Pharmacia Raia". O processo de compras centralizado gerou ganho de escala e melhores resultados, tornando a sociedade atraente para a entrada de novos sócios.

Em 1935, meu avô foi surpreendido com uma notícia que impactou seus planos de crescimento. Duas farmácias tradicionais de São Paulo se fundiram: Drogaria Braulio e Drogaria Brasil. E para tirar de vez seu sossego, dois anos depois, mais seis farmácias se juntaram ao grupo: Morse, Amarante, Orion, Sul América, Araujo e Ypiranga. Nascia a Drogasil. Com uma estrutura societária muito sólida para a época, a rede já nasceu forte e com um grande poder de compras. Cresceu de forma muito acelerada, ocupando espaços não só na capital e no interior de São Paulo, como também em outros estados. No início dos anos 1950, a Drogasil ultrapassaria a marca de cinquenta farmácias, tornando-se a maior rede de farmácias da América Latina.

Ousado, meu avô não se encolheu. Seguiu crescendo dentro de suas possibilidades. Abriu a filial de Campo Grande (MS), em 1944, e Marília, em 1949. Ainda resolveu iniciar operação na cidade de São Paulo, a essa altura sem a necessidade de ter sócio proprietário de farmácia. Talvez para preservar o nome da família, criou a marca Drogapan, com a qual passou a crescer em São Paulo, mantendo a marca Pharmacia Raia apenas no interior do estado. Em seguida abriu mais três filiais, agora com a marca nova – duas no Centro e uma em Santo André. Em 1955, a rede contava com oito filiais.

Apesar da competência empreendedora e da excelência em atendimento, meu avô falhou em não programar sua sucessão. Poucos anos antes da sua morte, em 19 de fevereiro de 1956, ele recorreu a um filho e dois genros para sucedê-lo. Um dos genros era meu pai, Arturo Pipponzi.

Farmácia Raia Araraquara, anos 1930

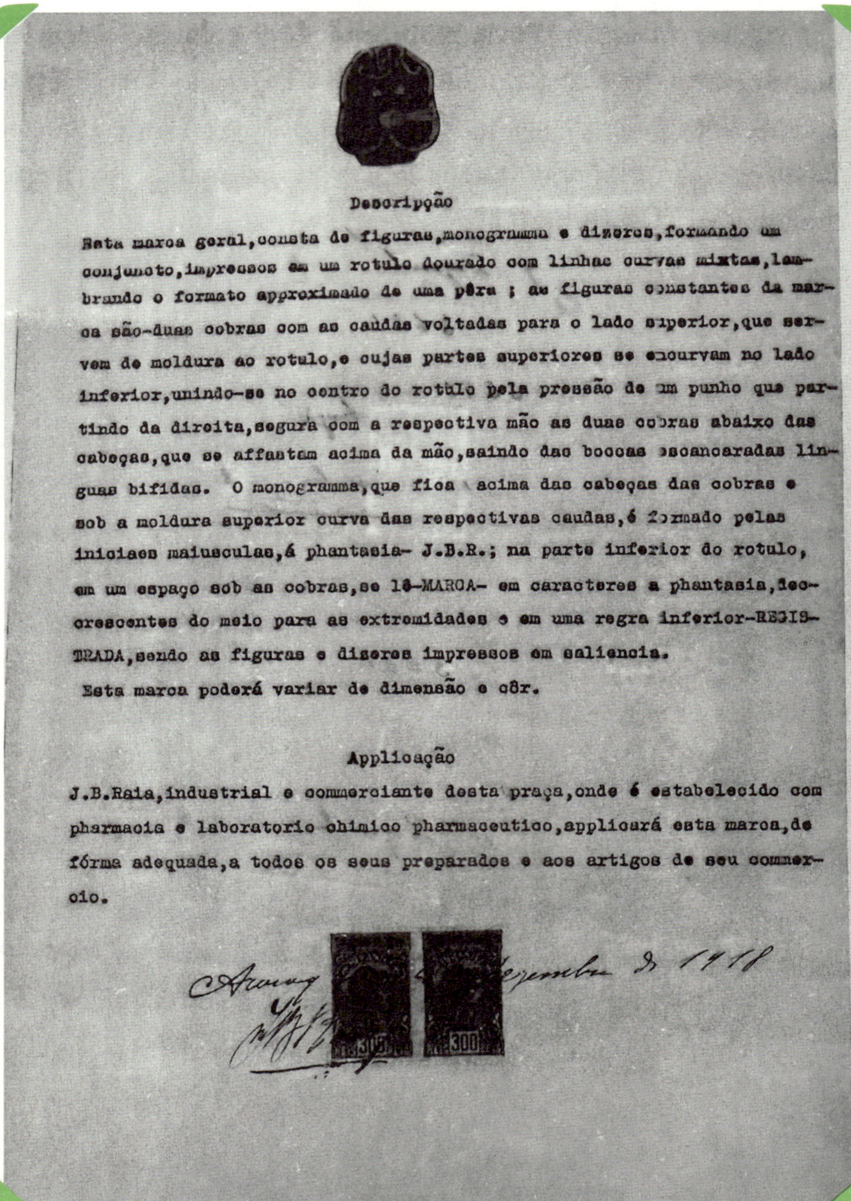

Descripção

Esta marca geral, consta de figuras, monogramma e dizeres, formando um conjuncto, impressos em um rotulo dourado com linhas curvas mixtas, lembrando o formato approximado de uma pêra ; as figuras constantes da marca são-duas cobras com as caudas voltadas para o lado superior, que servem de moldura ao rotulo, e cujas partes superiores se encurvam no lado inferior, unindo-se no centro do rotulo pela pressão de um punho que partindo da direita, segura com a respectiva mão as duas cobras abaixo das cabeças, que se affastam acima da mão, saindo das boccas escancaradas linguas bifidas. O monogramma, que fica acima das cabeças das cobras e sob a moldura superior curva das respectivas caudas, é formado pelas iniciaes maiusculas, á phantasia- J.B.R.; na parte inferior do rotulo, em um espaço sob as cobras, se lê-MARCA- em caracteres a phantasia, decrescentes do meio para as extremidades e em uma regra inferior-REGISTRADA, sendo as figuras e dizeres impressos em saliencia.

Esta marca poderá variar de dimensão e côr.

Applicação

J.B.Raia, industrial e commerciante desta praça, onde é estabelecido com pharmacia e laboratorio chimico pharmaceutico, applicará esta marca, de fórma adequada, a todos os seus preparados e aos artigos de seu commercio.

Registro da marca Raia feito por João Baptista Raia em 1918

A SEGUNDA GERAÇÃO

Como não poderia deixar de ser, a falta de planejamento de meu avô com relação à sua sucessão deixaria a empresa numa encruzilhada. Até os dias que antecederam sua morte, João Baptista ainda comandava a empresa sem nenhum grau de delegação. Retiradas eram distribuídas entre seus filhos sem nenhum critério claro. Não existiam regras de governança, a empresa era uma caixa fechada para a família.

Meu pai deixara a Itália para vir ao Brasil com US$ 50 no bolso e um emprego nas Indústrias Pignatari, em Utinga, numa vaga oferecida por um amigo de Colleferro que já havia chegado ao Brasil. Nunca havia tido nenhuma experiência com negócios, muito menos com farmácias.

Quando meu avô solicitou a vinda dele para a empresa, Arturo largou o emprego e passou a dedicar-se à gestão em tempo integral. Junto com ele, Giuseppe Nigro, outro genro que também deixara a Itália após a guerra, e Rui Raia, o quinto filho de meu avô.

Pouco depois da morte de meu avô, ficava cada vez mais claro que meu pai deveria assumir o comando, uma vez que era o único dos três com dedicação exclusiva. Mas essa liderança nunca seria formalizada. Os primeiros desalinhamentos já começaram a ocorrer com relação às remunerações. Não havia distinção na remuneração entre herdeiros e executivos, assim como entre os próprios executivos. Esses problemas perdurariam por todo o tempo que meu pai ficou à frente da gestão.

Todavia, isso não o impediu de agarrar a oportunidade e desenvolver cada vez mais um vínculo forte com o negócio. Cuidava da administração sem nunca deixar de frequentar as filiais. Tenho muitas lembranças na infância de acompanhar meu pai nos domingos pela manhã em suas visitas às farmácias. Também me lembro de meu pai voltando exausto das viagens que só ele fazia para visitar as farmácias fora de São Paulo, utilizando estradas em grande parte sem asfalto.

Com o tempo, tornou-se um líder carismático. Sua franqueza e seu senso de humor pitoresco, temperado com o sotaque italiano, ele carregaria até o final da sua vida.

Nesse período a empresa pouco cresceu. A Drogasil disparava, e várias outras redes, como Drogaria São Paulo, Droga Dada, Drogaria do Farto e outras, gradativamente ultrapassavam o tamanho da Raia. Ao mesmo tempo, a falta de regras que permeava a gestão cada vez mais trazia impactos negativos sobre ela.

E não eram apenas os temas relacionados à governança que produziam esses impactos. Muitas vezes, os conflitos mais estressantes vinham das pequenas coisas. Retiradas de mercadorias em lojas, uma prática acordada entre os sócios, eram motivo de conflitos quando feitas desproporcionalmente, o que era comum. Também o uso de funcionários da empresa para serviços pessoais, entre outras coisas. Mais tarde, ao assumir a gestão com meus irmãos, aprenderíamos muito com esses erros e, mesmo que informalmente, adotaríamos regras para tudo.

Com o passar do tempo, o nível de estresse que meu pai acumulava só aumentava. Em 1966, dez anos após ter assumido o cargo na empresa, ele chamou Arrigo, o filho mais velho de João Baptista, e anunciou o desejo de deixar a empresa. Arrigo ouviu e pediu um tempo para conversar com os irmãos. Semanas depois, retornou com uma proposta: meu pai permaneceria, e toda a família se retiraria do negócio. Para tanto, a empresa venderia uma parte das onze farmácias de então, e meu pai ficaria com a empresa e o restante das filiais. Para que ele pudesse aceitar, teria de se desfazer de todo o patrimônio que tinha, fora nossa casa, e encarar um desafio gigante de comandar uma empresa que claramente andava de lado.

Não fosse a insistência de minha mãe, meu pai não teria aceitado. Foram reflexões que duraram semanas e cujas conversas tenho na memória até hoje. Ao final, pesou também o aconselhamento do grande amigo advogado Roberto Opice, que não só assumiria todo o processo da transação, como também conseguiria linhas de financiamento para viabilizar o negócio.

Em 31 de dezembro de 1966, o contrato foi assinado. A empresa, sob o comando de meu pai, foi reduzida a apenas três filiais: Araraquara, Santo André e Praça João Mendes. Aos 54 anos, repleto de coragem, meu pai começou um novo ciclo na vida. Como sócios, permaneceram Herculano de Oliveira, com 16%, e Ivan da Silva Jesus, um braço importante de meu pai, com 4%.

A seguir, como era de esperar, vieram tempos muito difíceis. De banco em banco meu pai ia atrás da rolagem da dívida, enquanto colocava a casa em ordem. Em 1967, conseguiu abrir a quarta farmácia, no município de São Carlos. Foi então que convidou meu irmão Franco, à época estudante de Economia na USP, para compor a gestão.

No final dos anos 1960, já com as finanças equilibradas, meu pai adquiriu 50% de um laboratório farmacêutico, o Laboratório Zambeletti, de origem italiana, que resolvera deixar a operação no Brasil. A partir daí, Franco assumiu a liderança do laboratório, reduzindo sua jornada na Raia. Era a época do "milagre econômico", a economia caminhava melhor, e a empresa, entre 1974 e 1976, pôde abrir sucessivamente mais três farmácias: mais uma em São Carlos e mais duas em Santo André.

Com a companhia saneada, todas as dívidas pagas, meu pai respirava aliviado. Eram sete farmácias, mais que o dobro de quando começara.

Meu pai e minha mãe em lua de mel para a Itália em busca de meu irmão

Meu avô, meu pai, eu e Rosalia (1953)

Meu avô e seus sócios farmacêuticos (1954)

Herculano atendendo clientes
em Araraquara (final dos anos 1950)

MINHA FORMAÇÃO

Nasci na Vila Violeta, uma vila com oito casas que ficava no coração dos Jardins. Nossa casa era a Casa Sete. Eu passava a maior parte do tempo livre brincando na rua com meus amigos da Vila, além dos filhos dos comerciantes do entorno. Um dos nossos passatempos favoritos era jogar futebol, possível apenas na área de paralelepípedos comum às casas. Apesar dos contratempos ocasionais – como quando a bola batia na porta de alguém ou caía na sala de jantar do rabugento Sr. Miranda, que uma vez cortou nossa bola com uma faca –, foi um período feliz, repleto de prazeres simples.

A vida escolar começou aos seis anos, no Colégio Elvira Brandão, que ficava na Alameda Jaú, a poucos metros de onde morávamos. Apesar da proximidade, minha mãe me levava e buscava todo dia, um ritual que deixou lembranças de muito afeto. Minha mãe nunca deixava de me repreender quando necessário. Austera com relação aos gastos, especialmente nos momentos mais difíceis do meu pai, cuidava da casa e da educação dos filhos com muita dedicação. Dava bastante importância ao aprendizado de línguas, música clássica e história antiga. Tenho vivas as lembranças dela me ensinando a dobrar a língua repetidas vezes para alinhar a pronúncia para as aulas de francês; ou, também, aos sábados à tarde, acompanhando com rédeas curtas as aulas de acordeão de meu irmão para que ele não atendesse aos chamados dos amigos para o racha de futebol já iniciado.

Minha mãe havia recebido uma educação bastante rígida por parte do meu avô, o que fez dela uma pessoa com muita determinação em propiciar uma educação completa aos filhos. Aprendeu a pensar longe. Foi pela influência dela que pudemos estudar nos melhores colégios de São Paulo em momentos em que nossa situação financeira ainda era apertada.

Os métodos disciplinares da época eram rígidos, e as punições, severas. Lembro, por exemplo, que os professores colocavam fita adesiva na boca dos alunos falantes, algo impensável atualmente. Um dia levei uma bola para jogar no areão onde passávamos o recreio e acabei suspenso por três dias.

Em casa não era muito diferente. Meu pai, acredito que influenciado pelas dificuldades que a vida lhe apresentou, não nos poupava de punições físicas, principalmente no meu irmão, Franco. Lembro-me bem dos dias em que Franco chegava em casa com boletins ruins, e minha irmã, Rosalia, começava a chorar já antecipando a surra que ele iria levar. Mas não ficava por aí. Meu pai pedia ao sapateiro para o Franco trabalhar como ajudante em sua pequena sapataria, na Augusta, próximo à Alameda Santos. Como a sapataria ficava muito perto da calçada, os amigos passavam na frente e viam meu irmão martelando os pregos nos sapatos, o que era alvo de muitas risadas. No meu caso, as punições eram menos severas. Quando ficava retido após a aula, por alguma traquinagem, meu pai me buscava na sala da diretoria. Ele atravessava o pátio puxando minha orelha na frente dos alunos, comigo aos prantos. A diretora comentava em alto e bom tom: "Isso é que é pai de verdade, pai que sabe educar um filho".

Com todo o rigor e a austeridade da época, olho para minha infância com muito carinho. Nunca vi a severidade da disciplina do meu pai como falta de amor, mas sim como um reflexo dos tempos e de sua intenção de nos preparar para as adversidades da vida, embutindo em nós um senso de resiliência, resistência e força.

Não tenho dúvidas de que o distanciamento que tive em relação a meu pai na infância e, posteriormente, na juventude foi compensado pelo meu irmão sete anos mais velho. Franco naturalmente assumiu um papel de pai e de amigo ao mesmo tempo. Foi ele quem me ensinou a amar os esportes, especialmente futebol. Não só participava comigo dos "rachas" na Vila, como também me levava para assistir a jogos de futebol. Quantas foram as vezes que, junto com os seus amigos, fomos ao Pacaembu assistir a jogos, quaisquer que fossem os times. Nos dias de partidas importantes, chegávamos duas ou três horas antes, para pegar um bom lugar na geral. Sou eternamente grato a ele por ter visto Pelé em campo iniciando a carreira. Em 1959, na decisão do supercampeonato paulista entre Palmeiras e Santos, Franco me ensinou a torcer pelo Palmeiras, mesmo ele sendo corintiano. Mas não era só esporte. Influenciado pela minha mãe, ele devorava livros, e, ao longo da vida, adquiriu uma cultura incrível. Tinha respostas para todas as minhas perguntas.

A comunidade da Vila Violeta, a diversidade entre amigos e as lições transmitidas pela minha família moldaram fortemente quem sou hoje e ensinaram-me a encontrar felicidade nas coisas simples.

Em outubro de 1960, nos mudamos para Alto de Pinheiros. Meu pai comprou uma casa quando o local era praticamente uma fazenda, um imenso matagal. A Companhia City havia adquirido a região para desenvolver um loteamento, que naquela época deveria ocupar não mais do que 10% da área total. Era um ambiente totalmente diferente da Vila Violeta, com uma paisagem bucólica, cavalos para alugar e vacas passando em frente às casas. Acho que todos que se mudavam para Alto de Pinheiros estavam em busca de aventura e de construir algo novo, formando uma comunidade. Foi assim que o futebol ganhou uma nova dimensão na minha vida.

Jogávamos na rua até anoitecer (ou até a mãe do dono da bola acabar com a festa) e com quem estivesse disponível, inclusive os trabalhadores das obras do bairro. Os gols eram feitos com pedregulhos ou qualquer coisa rígida e pesada que tivéssemos à mão. Na nossa imaginação, tínhamos construído o Maracanã.

Meses mais tarde, conheci o Clube Alto dos Pinheiros, um clube dos moradores do bairro localizado a quinhentos metros de casa. Os dias de futebol de rua foram migrando para as quadras do clube, e a vida social foi ganhando corpo. Eu ainda não sabia como o clube se tornaria um ponto importante de conexão com amigos. Amigos cuja amizade continuou até os dias de hoje. Além de curtir almoços periódicos com um grupo dos mais próximos, de quando em quando reúno um grupo de cerca de quarenta pessoas na minha casa da praia.

> **Com o tempo, o futebol extrapolou o papel de atividade física, tornando-se uma filosofia e um modo de viver a vida. Acredito que o campo de futebol é uma miniatura do mundo profissional.**

No campo, convivemos com a diversidade, aprendemos a aceitar com humildade decisões (às vezes injustas) do juiz, respeitar liderança do técnico, aceitar a derrota, reconhecer um mau desempenho e vibrar com o sucesso do outro. Ao mesmo tempo, na empresa, precisamos entender que a autoridade vem do chefe, aceitar a promoção do outro (mesmo que injusta na nossa visão) antes da nossa, trabalhar em equipe convivendo com pessoas diferentes.

Essa variedade que o esporte propicia, enfrentando equipes das mais diversas, da várzea às universidades, passando pelos rachas nas praias de qualquer lugar do país, me propiciou uma forma mais leve de comunicação, com uma linguagem mais simples e com muito humor e descontração, que eu levaria para a vida. Exemplo disso foi quando comecei na empresa e lidava com muita descontração com todos, independentemente de idade ou classe social. Praticar futebol durante toda a juventude certamente contribuiu muito para minha atuação no mundo profissional. Sempre que analisei um currículo, valorizei muito a prática de esportes, especialmente os coletivos.

Em 1963, após completar o ensino primário, fui admitido no Colégio Santa Cruz, uma escola de padres canadenses que se estabeleceram no Brasil em 1952. Nos dois primeiros anos do ginásio, o futebol era o diferencial de sucesso na turma. Com o bom futebol que eu jogava, minha visibilidade era grande, me sentia ídolo. Já nos anos seguintes, chegando aos catorze e quinze anos, o indicador principal de sucesso num colégio masculino era a popularidade com as meninas. Como demorei para crescer, meu interesse continuava no esporte. Com isso, me tornei uma figura mais apagada na escola, o que influenciou minha performance nos estudos. Até o dia, já no final do ginásio, em que minha mãe foi chamada à escola e saiu decepcionada, não só pelo boletim, mas também pelas observações dos professores sobre meu desinteresse. As palavras da minha mãe naquele dia geraram uma profunda mudança na minha atitude como aluno: comecei a dar mais atenção às aulas, estudar em casa e me organizar melhor. Os resultados começaram a vir, e terminei o ginásio sem recuperações.

Com a entrada no colegial, minha autoestima cresceu, e aos poucos fui equilibrando as três vertentes que davam sentido à minha vida. No aspecto físico, o esporte mantinha a intensidade. Jogava no clube e no colégio rachas, campeonatos internos e externos. No plano emocional, tinha uma rede complementar de amigos, do clube e do colégio. A turma do clube, mais relaxada e divertida, às vezes beirando a irresponsabilidade. Já a do colégio, mais homogênea, responsável, focada no vestibular que tinha à frente. Eram grupos com características muito diferentes. No plano acadêmico, meu interesse pelos estudos aumentava. Terminei como um dos melhores da classe ao final do colegial.

Por incrível que possa parecer, o ano de 1970 foi um dos melhores da minha vida. Estava no último ano do colegial e comecei o cursinho pré-vestibular logo no início do período. Acordava às cinco e meia e, depois de me arrumar, caminhava cinco quarteirões até a Avenida Pedroso de Morais, para esperar um colega que passava às seis e quinze em ponto. As aulas do cursinho começavam às sete e terminavam ao meio-dia e meia. Uma hora depois começavam as aulas no colégio, que terminavam às cinco e meia da tarde. Depois delas, quase sempre tinha um racha de futebol até as seis e meia. Organizei meu tempo, fazendo todas as minhas tarefas nas noites dos dias de semana. Com isso, independentemente da carga dos exames simulados, não deixei de jogar futebol com os amigos do clube nem sequer um fim de semana. Ao mesmo tempo, minha vida social ficou mais intensa. Mesmo com os exames simulados nos sábados à noite, não perdia uma festa. Terminava o simulado e corria para a porta onde meu grande amigo Oberon me aguardava com seu Aero Willys recheado de amigos e amigas. Passei férias inesquecíveis na fazenda de um grande amigo com várias pessoas. Acompanhei e festejei muito com o tricampeonato mundial. E ao final do ano, fui aprovado no vestibular da Escola Politécnica.

> **A intensidade com que vivi 1970 me ensinou a dar valor à importância da gestão do tempo e da priorização de tarefas – habilidades que marcam o jeito de organizar minha vida pessoal e profissional até hoje.**

Embora os alicerces da minha formação acadêmica tenham sido diversos, quando sou questionado sobre ela, a resposta que vem à cabeça é sempre a mesma: "Estudei no Santa Cruz". Claro que outras instituições foram importantes no meu ensino. Porém, o Santa Cruz foi um pilar fundamental na minha formação como ser humano, moldando não apenas minha educação, mas também minha maneira de enxergar o mundo. A escola se destacava por suas novas metodologias e conceitos de ensino, que eram extremamente inovadores para a época. Os padres canadenses trouxeram consigo uma visão de mundo muito à frente do tempo que vivíamos. Minha turma foi uma das primeiras a ter aulas de matemática moderna, algo revolucionário na época.

Além disso, muitas aulas aconteciam ao ar livre, o que era totalmente pioneiro, onde aprendíamos observando as árvores e os animais ao nosso redor. O método de ensino nos incentivava a pensar criticamente e a formar nossas próprias opiniões, e ainda praticávamos esportes todos os dias. O fato de o colégio ser só para meninos contribuiu para criarmos uma cumplicidade tão forte que nosso grupo de amigos se reúne com frequência até hoje, como se ainda estivéssemos vivendo os tempos de escola. Em 2020 comemoramos cinquenta anos de formados. Como festeiro que sempre fui, organizei um jantar no Jockey com 72 dos 90 alunos vivos presentes, com direito a um vídeo protagonizado por todos e assistido com muita emoção durante o evento.

No colegial tivemos o privilégio de contar com professores de várias tendências, de esquerda e de direita. Nada como conviver com opiniões diversas para formar nossas opiniões próprias. Essa abordagem educativa influenciou profundamente a minha formação, contribuindo para desenvolver um perfil sempre contestador.

O Santa Cruz também era conhecido por sua abordagem humanística, que nos ensinava a importância da solidariedade e do trabalho comunitário. Os professores que tive foram os melhores da minha vida. Nunca me esquecerei das aulas de matemática, com os professores Nepomuceno e Pascarelli, tampouco das de religião, com o padre Charboneau, uma verdadeira referência no modo de encarar a religião. Esses educadores excepcionais transmitiam conhecimento e nos inspiravam a sermos pessoas melhores. A influência dessa escola é visível em tudo o que faço, desde a forma como administro minha empresa até os valores que transmito aos meus filhos. Fundar um instituto de apoio ao Terceiro Setor foi um ato, em grande parte, inspirado pelos valores e ensinamentos que recebi no Santa Cruz. Falar sobre o Santa Cruz é falar com orgulho de uma parte fundamental da minha vida.

Terminei o colégio em dezembro de 1970, aproveitei ao máximo minhas férias e comecei a universidade em 1971.

PROCURANDO CAMINHOS

Durante meus anos de colégio, não parei para pensar sobre o que gostaria de cursar na faculdade, muito menos na escolha profissional que eu deveria fazer. Na metade do colegial, não tinha ideia do que faria. Foi então que meu cunhado, Décio, professor da Escola Politécnica, com quem minha irmã, Rosalia, acabara de se casar, convenceu a mim e a meu pai de que o curso de Engenharia era um curso que, independentemente do que eu fizesse no futuro, me propiciaria uma formação robusta. Além disso, o fato de minha vocação acadêmica tender para a área de exatas fez a sugestão ter ainda mais sentido. Em 1971, comecei a vida universitária na Escola Politécnica da USP.

Os primeiros dois anos foram muito pouco entusiasmantes. O nível de motivação da maior parte dos alunos era baixo. Não eram poucos os que desistiam nessa fase ou acumulavam tantas dependências que desistiam pouco depois. Como era de se prever, o que de fato me motivou nos dois primeiros anos foi o futebol. Logo no início, ganhamos os dois principais torneios universitários para alunos do primeiro ano. Em seguida, fui convocado para o time principal, e, no ano seguinte, para a seleção paulista universitária. Só o esporte me motivava na faculdade.

Foi nesse período, no final de 1972, que comecei a namorar a Isaurinha, a mulher que viria a ser minha esposa e mãe dos meus filhos.

No terceiro ano, escolhíamos a especialização do curso. Dentre as várias opções, escolhi Engenharia Civil, a mais procurada; afinal, o país vivia a época do milagre econômico. Foi quando me reaproximei dos meus amigos do Santa Cruz que cursavam a Poli e retomamos uma vida social intensa, ainda mais quando nos juntamos a uma outra turma de amigos do Dante Alighieri. Desisti do futebol universitário e continuei a jogar apenas com meus amigos do clube. Minha vida na faculdade mudou.

Em setembro de 1973, comemoramos o aniversário de um amigo e apresentamos nossas namoradas pela primeira vez – muitas das quais se tornariam esposas. Esse grupo de amigos nunca mais se separou. Em mais de cinquenta anos de amizade, sempre estivemos juntos. Casamo-nos na mesma época, tivemos filhos juntos, casamos nossos filhos, vimos nossos netos nascerem e vivemos os momentos tristes das perdas de nossos pais e também das mortes prematuras de dois dos nossos amigos. Esse grupo transformou minha vida e faz parte dela até hoje.

Ao mesmo tempo que a vida universitária ficava mais completa, fui desenvolvendo interesse pelas matérias de Engenharia de Estruturas, extremamente técnicas, mas de certa forma alinhadas com meu perfil. Eram matérias muito complexas e com alto índice de reprovação, o que exigiu que eu passasse os três últimos anos dedicados ao estudo. Como resultado, praticamente não fiz estágio – apenas seis meses na Promon, uma empresa de engenharia à época focada em cálculo estrutural. Ainda assim, para mim era clara a distância enorme de vocação para a engenharia que existia entre mim e o restante do grupo. Entre amigos, quando as conversas se deslocavam para o lado profissional, eu me calava. Não tinha repertório nem entusiasmo.

No final de 1975, quando a turma se formou, eu era o único que não tinha emprego. Minha opção foi pegar uma bolsa de estudos para cursar o mestrado em Engenharia de Estruturas. Porém, antes de iniciar o mestrado, eu e mais três amigos fizemos uma viagem por todo o Brasil. Saímos de São Paulo em dois carros. Primeira parada em Brasília. Em seguida, rodamos toda a Belém–Brasília, recém-inaugurada, chegando a Belém. De lá, todas as capitais do Nordeste, de São Luís a Salvador, sempre pela costa, e voltando pelas praias do Sudeste. Foram 52 dias e 13,5 mil quilômetros rodados. Como jovens despojados de qualquer patamar de exigências, ficamos nos mais diversos e austeros locais. O prazer que tenho hoje de viajar pelo país para expandir a nossa rede nasceu a partir dessa viagem.

Terminada a aventura, voltei aos bancos escolares da Poli para iniciar o mestrado. Depois de ter vivido os intensos momentos de faculdade, com um grupo grande de amigos que não se desgrudavam, foi difícil enfrentar a vida no mesmo prédio agora totalmente sozinho. Apesar de o curso ter desenvolvido meu raciocínio lógico, senti que foi um ano quase todo perdido. Teria aproveitado mais se tivesse estudado fora do país, adquirindo uma experiência internacional que nunca tive, algo que lamento até hoje.

Completadas todas as disciplinas que compunham o mestrado, faltava desenvolver a dissertação, o que comecei no início de 1977. Os amigos estavam todos colocados, recebendo seus salários, e eu andando de lado, desenvolvendo minha dissertação de mestrado. Solitário, à beira de uma depressão, minha personalidade extrovertida ia migrando para a introversão, com poucos sorrisos e menos falas.

Em fevereiro de 1977, minha frustração e falta de perspectiva eram gritantes. Meu pai, que nunca havia sinalizado qualquer possibilidade de que eu trabalhasse na empresa, sugeriu que eu escrevesse a minha dissertação de mestrado no escritório da companhia. "Ao menos você não ficará tão isolado", ele falou. Com a falta de entusiasmo crescente em relação a essa tarefa, comecei naturalmente a dedicar meu tempo a olhar o negócio. Decidi fazer o processo seletivo para o curso de pós-graduação em Administração da Fundação Getulio Vargas (FGV), cuja disputa era grande. Fui aprovado, principalmente porque, ao contrário da maioria dos candidatos já envolvidos com o trabalho (parte deles amigos meus), tive tempo de sobra para estudar a grade de matérias que cairiam nos exames. A aprovação levantou meu moral e me colocou no caminho da empresa.

Dessa vez, minha dedicação ao curso foi total. Quanto mais eu me engajava nas matérias, mais conseguia conectar o que aprendia com as contribuições que poderia dar à empresa. Assim, encerrei a curta carreira de engenheiro e definitivamente entrei para o mundo das farmácias. Só mais tarde pude entender que o aprendizado que o curso de Engenharia me deu foi um dos principais alicerces do meu sucesso profissional.

Do ponto de vista emocional e social, a troca de carreiras não foi simples. Fiquei conhecido como o "engenheiro que virou remédio". E pior, trabalhando na farmácia "do papai". Mas segui a vida, e, cada vez mais motivado com o que fazia, minha confiança na escolha se consolidava.

> **Hoje, nas mentorias que faço com jovens, trago sempre a provocação: "Não pense somente em fazer o que gosta. Procure aprender a gostar do que faz". A vida me ensinou assim.**

Em 1978, após seis anos de namoro, me casei com Isaurinha. Com o pouco dinheiro que sobrou da compra de um apartamento e minha paixão por viajar pelo país, a opção não poderia ser diferente: nossa lua de mel foi no Nordeste. Com a Brasília nova que minha mãe gentilmente emprestou, fizemos um percurso de ida e volta até Recife, com algumas paradas em hotéis reservados e outras não. Assim, por duas vezes, a escassez de hotéis à época fez com que não nos restasse outro caminho senão dormir em motel de alta rotatividade, como em Recife, ou em zona próxima à rodoviária, como em Belo Horizonte. A lua de mel foi sem dúvida uma grande prova de amor e resiliência dada por minha mulher. No primeiro mês do nosso casamento, compartilhando de uma única conta bancária, cada um saiu com seu talão de cheques fazendo seus gastos habituais. Ao final do mês, o saldo da conta estourou. Desse dia em diante, combinamos que ela controlaria todos os gastos nossos. E assim foi durante todo o período da minha vida profissional em que estivemos juntos. Em uma sociedade machista como a da época, isso era algo impensável, motivo sempre de muitas brincadeiras por parte dos amigos, do tipo "Já pediu o dinheiro pra ela?". Isso durou até o final de nosso casamento, um alívio importante para que eu pudesse focar a minha carreira.

Já estava perto dos trinta anos de idade, minha escolha profissional já estava feita, tinha trilhado uma bela carreira acadêmica. Chegava a hora de o engenheiro mergulhar no negócio.

O GRANDE SALTO

Apesar de ter iniciado a participação na empresa em fevereiro de 1977, foi a partir de 1979 que passei a me sentir parte efetiva dela. Com sete lojas, meu pai estava à frente da gestão das farmácias, e meu irmão, Franco, na companhia desde 1967, comandava o Laboratório Zambeletti. Meu primeiro ano de trabalho foi dedicado a entender o negócio sob a ótica financeira. O curso de pós-graduação da FGV me deu subsídios e me fez enxergar com mais clareza a dinâmica do negócio.

Nessa década, o varejo farmacêutico andava de lado. Com exceção da Drogasil, que, pelo poder de compra, pela capacidade de gerir estoques com o uso de computadores desde 1967 e pela marca fortemente consolidada que tinha, crescia de forma muito acelerada, eram pouquíssimas as redes que cresciam assim. A principal razão para isso era a má gestão de estoques. Por conta de prazos mais longos para pagamento, as compras eram feitas de maneira excessiva, o que ocasionava um acúmulo exagerado de estoques. Combinado com uma quantidade enorme de perdas, isso causava impacto direto na geração de caixa. Os nossos lucros ficavam praticamente retidos nas prateleiras de estoque.

Em uma conversa com Franco, que comparecia à empresa todas as manhãs de terças e quintas, ele comentou que algumas redes não tão grandes como a Drogasil haviam adquirido minicomputadores e passaram a utilizá-los com sucesso na gestão de estoques. Uma tarde, fomos conhecer a Droga Glicério, uma rede com quarenta filiais que operava em Santos e Campinas. A rede vinha crescendo exponencialmente utilizando um minicomputador. Depois de esperar uma hora, fomos recebidos pelo dono da companhia. Sentado à frente de uma mesa vazia, exceto por uma pasta grossa que armazenava formulários contínuos que ele manuseava, discursou sobre como fazia a gestão de estoques.

> **Depois de uma longa conversa, extraí uma ideia que mudaria a vida da organização: usando o computador, a gestão de estoque de cada produto sairia da alçada dos gerentes de loja para ser gerenciada pela matriz.**

Uma simples conclusão que impactou toda a minha carreira na empresa.

Nosso sócio no Zambeletti era também atacadista. O atacado andava muito bem nos anos 1970, uma vez que, com um mercado tão fragmentado, fazia toda a intermediação entre a indústria e o varejo. Nosso sócio havia adquirido recentemente um minicomputador fabricado pela Cobra, uma empresa de capital misto que lançara computadores de 1 e de 2 megabytes. Sim, estou falando de megabyte – nem gigabyte nem terabyte. Simão, o dono do atacado, gentilmente permitiu que usássemos seu computador aos sábados, das seis da tarde até a meia-noite.

Passamos um mês inteiro cadastrando os produtos do nosso mix e imprimindo listagens completas para cada uma das sete lojas, com quantidades que nosso comprador, Ivan da Silva Jesus, definia para um mês de vendas em cada filial. Com a primeira listagem pronta, era hora do teste inicial. A filial escolhida foi uma das três da cidade de Santo André.

No primeiro domingo de setembro em 1980, saímos logo cedo e, com a loja fechada – aliás, que calor! –, começamos a retirar produtos da prateleira. Com a listagem em mãos, a cada produto eu anunciava a quantidade a ser mantida no estoque; o excedente era colocado em caixas. Ao final do dia, a quantidade de produtos em caixas era seguramente maior do que a que ficara na filial. As caixas retornaram ao nosso depósito central, ainda localizado na sobreloja da nossa filial da Praça João Mendes. A partir desse dia, o formulário com as quantidades impressas de cada produto a serem mantidas em estoque circulava entre a filial e o depósito, permitindo que a cada dois dias os funcionários fizessem os pedidos para recompor as quantidades existentes de acordo com o formulário. Esses pedidos eram anotados a lápis pelo funcionário que contava o estoque. A pasta com os formulários ia e voltava com a Kombi que transportava os pedidos. Para que as pastas retornassem às filiais, as quantidades solicitadas precisavam ser apagadas. Criou-se uma função na empresa: o "Borrachinha", responsável por apagar os formulários antes de retornarem à filial para a contagem seguinte.

Esse novo processo fez o índice de faltas da filial despencar. Consequentemente, as vendas aumentaram. Além disso, o estoque recolhido para o depósito gerou liquidez para a empresa, já que as compras permaneceram automaticamente reduzidas por um longo período. Seguimos implantando o novo processo nas outras filiais. Na terceira, já sentimos segurança para encomendar nosso próprio computador: um Cobra 300 com 1 mega de memória. A chegada estava prevista para fevereiro de 1981. Em paralelo, preparávamos a mudança do depósito, da sobreloja da filial da Praça João Mendes para a rua Frei Caneca, até poucos meses antes o endereço do nosso escritório, que passou a funcionar em um andar de 180 metros quadrados em um prédio na rua Augusta.

O novo depósito, que passamos a chamar com muito orgulho de centro de distribuição, tinha 230 metros quadrados e cinco metros de pé-direito. Os montantes eram todos em metal, com prateleiras moduláveis no mesmo material. O piso era preto, emborrachado, e no mezanino havia duas mesas para a gerência, de onde era possível ter a visão total do espaço. Um deleite para mim. O primeiro centro de distribuição da nossa história estava pronto para receber a mudança.

A mudança foi programada para a virada do ano de 1980 para 1981, principalmente para coincidir com a virada do ano fiscal. Eu e Franco estávamos à frente do processo, organizando uma logística quase impossível, uma vez que o arranjo dos produtos, tanto na sobreloja como nas prateleiras da Praça João Mendes, obedecia a critérios diferentes de ordenação. Iniciamos o processo no dia 29 de dezembro, logo cedo. Acompanhávamos o encaixotamento das mercadorias de acordo com a sequência em que seriam organizadas na Frei Caneca e transportadas com duas Kombis alugadas.

O processo começou a se mostrar moroso, e já avançava o dia 31; naquele ritmo, inviabilizaria o abastecimento de lojas conforme o planejado. A solução foi colocar a mão na massa e encaixotar os produtos em ritmo frenético, levando tudo o que restara sem qualquer critério de organização, usando todas as mãos e braços disponíveis. Não me esqueço da cena, eu e meu irmão fechando caixas e transportando para as Kombis estacionadas. Terminamos o processo poucas horas antes da virada do ano. O novo depósito estava pronto para operar no primeiro dia útil de 1981.

Tínhamos então um centro de distribuição e seis das sete filiais com o sistema de abastecimento rodando pelo método implantado. Faltava a peça principal: o computador. Sem ele, as notas fiscais de transferências de produtos ainda eram emitidas manualmente.

A chegada do computador coincidiu com a finalização da implantação do sistema de gestão de estoques da última filial, a de Araraquara. A capacidade de memória era tão pequena que qualquer transação de produtos envolvia o uso de quatro discos flexíveis.

Nosso escritório tinha três salas para a diretoria, sendo uma para mim, outra para meu pai e outra para reuniões. Lembro-me da reação do meu pai quando soube que precisaríamos instalar um aparelho de ar-condicionado na sala onde ficaria o computador. Com a austeridade com que ele sempre conduzira a empresa, era impensável ter um aparelho de ar-condicionado. No final, além de se conformar com a instalação do aparelho, ele ainda sacrificou sua sala para permitir a operação do computador, passando a compartilhar a sala comigo. Contudo, foi por poucos meses. Logo em seguida, alugamos mais um andar do prédio e pudemos ter uma sala para cada um, incluindo uma para o Franco, que já passara a frequentar a companhia todos os dias.

Em abril de 1981, a partir de uma enorme geração de caixa originada pela racionalização dos estoques, com o nosso valente computador e um centro de distribuição, estávamos prontos para expandir a rede. Assim, depois de cinco anos sem abrir nenhuma filial, a oitava loja foi inaugurada, em Araraquara, em maio de 1981 – a segunda filial no berço do nosso nascimento. Com elementos visuais mais modernos que os das demais, meus olhos brilhavam. Acompanhei passo a passo toda a montagem da loja e não tenho dúvidas de que ela foi o embrião da grande paixão que nutro até hoje a cada inauguração de uma nova unidade. Em novembro de 1981, abrimos a nona, também em Araraquara.

Até então, excetuando a farmácia de Araraquara, Pharmacia Raia, nenhuma loja carregava o nome da família: todas eram Drogapan, nome dado pelo meu avô João Baptista. Entendi, todavia, que deveríamos incorporar o nome Raia à nossa marca, afinal era como éramos conhecidos no mercado.

> **A família Raia, que desde a metade dos anos 1960 não estava mais no negócio, não queria ver seu nome associado à palavra "droga".**

Foi uma luta mediada por meu pai e da qual não me arrependo de ter fincado pé. Em 10 de julho de 1982, inauguramos a primeira loja com marca Droga Raia. Ficava na rua Augusta, conhecida por seu comércio forte e refinado. No mês seguinte, mais uma: dessa vez na Lapa. Encerramos o ano de 1982 com onze lojas.

A essa altura, com Franco já passando a frequentar a empresa em tempo integral, assumindo a área comercial, faltava Rosalia para completar a trinca. Rosalia havia se casado muito cedo e até 1980 se dedicado à criação dos três filhos. Mas, nesse ano, retomou os estudos, fez cursinho e entrou em Direito na USP, no tradicional Largo de São Francisco. No final do ano, me procurou com o desejo de trabalhar na empresa. Sabia do potencial e da determinação da minha irmã. Ela só precisava de uma oportunidade.

E aí veio mais uma luta: convencer meu pai de que sua filha deixaria de ser dona de casa para trabalhar fora. Até o argumento de que iria "abocanhar" parte da remuneração dos filhos meu pai utilizou. No final, a batalha foi vencida, e em 1982 Rosalia começou a trabalhar na empresa, compondo o trio que formou a terceira geração.

Exatamente em 1982, poucos dias depois de completar setenta anos, meu pai chegou ao escritório, reuniu os filhos e comunicou sua decisão de passar as ações e a gestão da empresa para nós três. Poderia até ser uma decisão com certa lógica, não só pelo desgaste que sentia pelos anos vividos na empresa, como também pela preocupação de poupar os filhos de quaisquer problemas sucessórios quando viesse a falecer. No entanto, não entendi o porquê da decisão naquele instante, uma vez que, depois de tantos anos difíceis e sem crescimento, vivíamos um momento extraordinário e de muito entusiasmo, com abertura de novas filiais, montagem de um centro de distribuição, compra de um computador e mudança para um escritório novo. Mesmo com a decisão tomada, meu pai nunca deixou de frequentar a empresa, compartilhando conosco dia após dia o sonho da construção de uma grande companhia. Nunca dávamos um passo mais arrojado sem antes ouvir a opinião dele.

A partir desse momento, engatamos em um ciclo acelerado de crescimento no estado de São Paulo. Em 1983, Piracicaba, Praia Grande e Frei Caneca. Em 1984, foi a vez de Rio Claro, Itu, São Vicente e Guarujá. Em 1985, Brooklin, Penha e Pinheiros. Chegamos a 21 filiais ao final de 1985. Em cinco anos, o número de lojas foi triplicado, e começamos a ter relevância no mercado das redes de farmácia.

Mas não era só a empresa que crescia. Em julho de 1980, Isaurinha caminhava para o último mês da gravidez de nosso primeiro filho. No sábado, dia 13, fomos surpreendidos com a medição da sua pressão. A máxima chegava a 21, um início de pré-eclâmpsia que levaria a antecipar o parto para aquele dia. Depois de muito sofrimento e expectativas, nasceu Rodrigo, nosso primeiro filho.

Na consulta de retorno ao médico, fomos orientados a não esperar para ter os filhos que pretendíamos. Levamos o conselho a sério. Menos de um ano depois, nasceu Bruno, nosso segundo filho, e, mais catorze meses à frente, Alberto, o terceiro. Em um intervalo de dois anos e dois meses, tivemos três meninos. A família estava completa.

> **O nascimento dos meus filhos coincidiu com o início do processo de transformação e de crescimento da empresa e, sem dúvida, foi o grande motor da motivação para a jornada que viria.**

Naquela época, não existia a licença-paternidade. E, como nunca tivemos enfermeiras ou babás, foi com o apoio da minha sogra que pude manter a rotina de trabalho tão acelerada. No mais, era Isaurinha que cuidava de tudo. Apesar de todo o carinho que dei a meus filhos nessa fase, acompanhando as mamadas noturnas e sempre acordando na madrugada para dar a chupeta ao ouvir um choro, hoje sinto falta de poder ter aproveitado mais os momentos maravilhosos que essa fase proporciona. Era uma época de arrancada da empresa, e na maioria das vezes chegava em casa e encontrava as crianças já dormindo, restando a mim acompanhar a mamada da meia-noite. Tenho imagens vivas do período em que Isaurinha preparava três mamadeiras, uma para cada um. À medida que começaram a frequentar a escola, passei a levá-los todos os dias, no horário do almoço. A essa altura, com a empresa rodando nos trilhos, passei a dedicar todos os meus fins de semana às crianças.

Anos mais tarde, do período da adolescência até a juventude, passei a viver muito próximo a eles. O futebol, que logo se tornou parte da vida deles, foi o instrumento de conexão muito forte que começamos a ter nessa fase. Assumi a Diretoria de Futebol do nosso clube e passei a acompanhar treinamentos, jogos e também viagens para campeonatos no exterior. Nesses casos, eu ligava para os pais, um a um, a fim de obter o consentimento para as viagens. Por três anos seguidos, reuni 48 meninos, dezesseis para cada uma das categorias de meus filhos, encarregando-me de responsabilidades nada fáceis de serem assumidas. Essa liga pelo esporte permeou um relacionamento muito próximo que mantenho até hoje com meus filhos.

Tirar férias com toda a família duas vezes por ano era outra forma de conexão e uma oportunidade de acompanhar o desenvolvimento dos meus filhos. Nossos jantares nesse período foram um momento muito especial para entender a fundo seus sonhos, suas realizações e suas aflições, longe da rotina do dia a dia. Apesar da minha carreira profissional tão intensa, sempre me senti próximo dos meus filhos, encontrando neles uma fonte de inspiração para tudo que realizei.

O PLANO CRUZADO

Ao final de 1985, com Rosalia comandando as áreas de Recursos Humanos e jurídica, e Franco, a área comercial, nosso entusiasmo só crescia. A rede contava com 21 filiais e estava em dez cidades no estado de São Paulo. Mais dois contratos para abertura de lojas em Americana e Limeira estavam encaminhados.

Em fevereiro de 1986, estava previsto o aumento nos preços dos medicamentos. Naquela época, com inflação acima de 100% ao ano e aumentos semestrais mesmo que sempre abaixo da inflação, fazíamos nosso resultado nos meses pós-reajuste para compensar prejuízos nos meses que antecediam o reajuste seguinte.

No final da tarde de uma sexta-feira, 28 de fevereiro de 1986, meu irmão entrou assustado na minha sala e falou: "O governo declarou fechamento dos bancos amanhã. E vêm mais coisas por aí". Maior que o susto foi a ansiedade de entender o que viria com o discurso do presidente da República, José Sarney, marcado para o dia seguinte. Com um tom altamente demagogo, ele decretou o congelamento de preços e o "fim da indústria da remarcação", além de outras medidas como a troca da moeda de cruzeiros para cruzados. Estava "decretado" o fim da inflação. Segundo ele, os grandes responsáveis pela inflação eram os "empresários gananciosos" com suas "maquininhas de remarcação". Além disso, convocou toda a população a fiscalizar de perto as empresas que eventualmente estivessem alterando seus preços.

No dia seguinte, os "fiscais do Sarney" já estavam a postos nas lojas fiscalizando as possíveis remarcações. A massa de "fiscais" entrava nos estabelecimentos e, se encontrasse um mesmo produto com preços diferentes, chegava a fechar as portas, em alguns casos cantando o hino nacional.

Romeu Tuma, à época superintendente da Polícia Federal, foi designado pelo presidente para deter os grandes empresários por qualquer diferença existente na marcação de preço de um mesmo produto. Quando isso ocorria, o que não seria nada improvável, pela quantidade de itens existentes especialmente nos supermercados, era um verdadeiro delírio nacional, com direito a toda a exposição possível na mídia.

Um dado aliviava nossa tensão; 80% das nossas vendas eram medicamentos, e o reajuste semestral já havia sido autorizado pelo governo e implementado nas farmácias uma semana antes. Todavia, em meio à euforia popular, o ministro da Fazenda, Dilson Funaro, compareceu, no primeiro domingo após a divulgação do Plano, ao conceituado programa *Crítica e Autocrítica*, para uma longa entrevista. Após uma saraivada de perguntas, com o ministro já quase sem voz, um jornalista perguntou: "Ministro, como ficam os preços dos medicamentos que sofreram reajustes na semana passada?". Funaro pensou, nos três segundos em que tomava um gole de água, e respondeu: "Vão ter que voltar atrás".

Sem nenhum embasamento, ele retroagiu e congelou os preços autorizados, marcando o início do caos que todo o mercado de medicamentos viveria por mais de um ano, com total desabastecimento na cadeia.

> **As prateleiras de medicamentos pareciam um estande de tiro ao alvo. Operamos com prejuízo ao longo do ano todo, sem saber se a empresa conseguiria repor os estoques quando o Plano se encerrasse.**

Mas não há nada ruim que não possa ainda piorar. O governo passou a divulgar tabelas de preços para produtos essenciais que incluíam itens de higiene pessoal. Lembro que todos os desodorantes de 100 mililitros foram tabelados em 4 cruzados. Logicamente, tínhamos desodorantes de todo tipo, de várias marcas. Um desodorante Payot, por exemplo, cujo preço de venda era 17 cruzados, pela falta de especificação da tabela, deveria ser vendido também por 4 cruzados. Para estancar a euforia de compras do produto cujo preço tinha despencado, deveríamos tirá-lo de circulação. Mas gerentes de loja poderiam ser detidos se os policiais federais comandados por Tuma descobrissem que estávamos "escondendo" produtos no fundo da loja. Tivemos um gerente de loja detido e indiciado em Araraquara; ele respondeu em liberdade e, ao final do Plano, foi logicamente absolvido.

O Plano Cruzado perdurou até as eleições para governadores, com 22 candidatos do PMDB, partido de José Sarney, eleitos. Dias após as eleições, começaram os reajustes descomunais dos preços e das tarifas públicas. Os preços, em geral, foram sendo liberados, e a inflação voltou com muito mais força: de 235% ao ano em 1985, baixara para 80% em 1986 e retornou com toda a força em 1987, chegando a 435%. O governo ignorou o controle dos gastos, a balança de pagamentos se deteriorou, e as reservas internacionais despencaram. Em 1987, sem condições de honrar compromissos, o Brasil pediu moratória. Ainda durante a década de 1980, vieram outros planos, todos eles controlando preços e sem nenhuma contenção efetiva de gastos públicos.

PIONEIRISMO

No final de 1985, houve em São Paulo uma feira de informática em que pela primeira vez foram apresentados terminais de pontos de vendas (PDV). Os terminais PDV substituiriam as caixas registradoras. Até então, quando um cliente efetuava uma compra, os balconistas emitiam manualmente a nota fiscal e, com ela em mãos, o cliente passava pelo caixa, pagava e recebia um cupom fiscal com o valor da venda efetuada. Isso acontecia também para produtos expostos à frente dos balcões, como os produtos de higiene e de beleza.

Com terminais PDV substituindo máquinas registradoras, os produtos seriam identificados pelos códigos de barras, dispensando a necessidade de preenchimento manual de notas fiscais. Os clientes receberiam os medicamentos no balcão e seguiriam diretamente ao terminal PDV, que, identificando os produtos pelos códigos de barras, armazenaria a saída de cada um deles e emitiria um cupom fiscal com a descrição completa dos produtos. No caso do autosserviço, a intermediação no atendimento seria eliminada por completo, uma vez que o cliente poderia pegar seus produtos e ir diretamente ao caixa. Além disso, com os registros de saída dos produtos, eliminaríamos a necessidade de levantamentos de estoques em lojas, o que era feito a cada dois dias, para permitir o reabastecimento. A reposição passaria a ser automática e diária, o que possibilitaria reduzir sensivelmente o nível de estoque das filiais.

Fantástico. Oportunidade de ouro. Se nossa visita à Droga Glicério havia transformado a primeira metade da década de 1980, essa poderia transformar a segunda metade. Mas havia dois grandes problemas. O primeiro consistia no fato de que os terminais PDV estavam em fase de testes pela Itautec, a principal fabricante desses equipamentos. O segundo era que levaria algum tempo para o código de barras chegar ao Brasil. Mas não desistimos. Com ajuda do gerente de informática à época, Aydir Muniz de Jesus, discutimos a possibilidade de inserir um código numérico interno nas etiquetas de preços dos produtos para que, uma vez digitado, tivesse o mesmo efeito do código de barras. Claro que a transação no caixa seria mais demorada, uma vez que digitar o código do produto levaria mais tempo do que escaneá-lo. Todavia, como a venda média por cliente era de três itens, o impacto seria pequeno.

Faltava negociar com a Itautec, para levar adiante a solução. Dois dias depois de encerrada a feira de informática, procuramos a Itautec mostrando nossa intenção imediata de compra de equipamentos. Mais tarde eu saberia, pelo gerente de vendas que nos atendeu, o quanto eles se assustaram com nossa ousadia em querer comprar equipamentos naquele momento. Ousadia porque os terminais PDV ainda estavam em fase de testes. Três grandes varejistas, dentre eles o Pão de Açúcar, mantinham testes-piloto para ajudar a ajustar o sistema operacional da máquina. Mas nenhum ainda avançara com uma compra. Fomos em frente e fechamos a compra de 25 terminais para nossas 21 filiais; as quatro que se distanciavam no número de atendimentos teriam dois terminais; as demais, apenas um.

O passo seguinte foi o aprendizado da linguagem C pelo nosso gerente de informática. Era uma linguagem nova, específica e pouco utilizada até então, mas necessária para o desenvolvimento do nosso aplicativo de operação no caixa. Enquanto isso, eu recorria a meu tempo de politécnico para desenhar o diagrama de blocos do software para controlar a operação no caixa.

No começo de 1986, com a chegada dos primeiros terminais, foram muitas as noites dedicadas a desenvolver e testar o software antes de implantar os primeiros terminais em lojas. Para o teste de fogo, escolhemos a recém-inaugurada loja da Vila Mariana, com previsão de dois terminais PDV, o que minimizaria os riscos de paralisia do atendimento no caixa. A loja já havia sido inaugurada seguindo um projeto interno totalmente reformulado e adequado à nova realidade, com caixas posicionados na saída da loja, e não mais no fundo, como era de costume.

Hoje penso o quanto fomos arrojados em nossa iniciativa. Mesmo comprometidos com o investimento todo, o sistema operacional do equipamento dava vários sinais de problemas. Dias antes da implantação na loja, em uma matéria de jornal, Abilio Diniz comentou a falta de confiabilidade ainda existente no equipamento, de acordo com os testes no Pão de Açúcar. Mesmo assim, com o cenário sombrio e a falta de perspectivas trazidos pelo Plano Cruzado, ousar foi necessário. Mais uma vez, fomos em frente.

No primeiro dia dos terminais em loja, eu e Aydir nos posicionamos atrás dos caixas da Vila Mariana para acompanhar a operação. À medida que o tempo passava, a tensão aumentava. Quando o sistema de um caixa caía, Aydir assumia o caixa e reiniciava o equipamento. Em determinado momento, os dois terminais caíram. Duas filas enormes se formaram, com clientes impacientes, vários deles deixando as compras e saindo da loja. Foi assim o dia todo. Cheguei em casa deprimido. A implantação dos terminais PDV era minha chama de esperança com relação à recuperação da empresa em meio a um Plano Cruzado que deteriorava resultados.

Mas, com o passar do tempo, a operação foi se ajustando. Concluímos que a proximidade com o metrô era um dos motivos para tantas quedas. Logo implantamos os terminais em uma segunda loja, uma pequena farmácia na Frei Caneca, e os primeiros sinais foram positivos. As quedas no sistema operacional ficaram cada vez mais raras. Tenho na memória um sábado à tarde em que eu estava na loja da Frei Caneca acompanhando a operação rodando de forma contínua e bastante satisfatória. Quando voltei para casa, compartilhei minha alegria ligando para meu pai. As palavras de incentivo dele foram tão importantes, os elogios tocaram tão fundo, que naquele momento fui tomado por um sentimento de confiança e pela certeza de que teríamos sucesso em nossa empreitada.

O sucesso na loja da Frei Caneca foi o sinal verde para o *rollout* do processo nas outras filiais, sempre com cautela, para não perder a segurança da operação. O processo começava à uma da tarde do sábado, quando as portas da filial eram fechadas. O trabalho tinha três frentes principais. A primeira era voltada a reorganizar todo o layout da loja para a colocação dos balcões de checkout na entrada do estabelecimento. A segunda, voltada a pôr etiquetas com códigos em todos os produtos; e a terceira consistia no treinamento da operação nos terminais. O processo tinha que terminar impreterivelmente até o final do domingo, para reabertura da loja na segunda.

Acompanhei a implementação do processo em todas as filiais, sempre uma por final de semana. Quando a filial se situava fora de São Paulo, a família me acompanhava. Tenho a imagem viva, numa Semana Santa em que fomos a São Carlos implantar o processo nas duas filiais que tínhamos na cidade, de meus três filhos num hotel-fazenda ali pertinho, jogando futebol, com Isaurinha no gol. Essa imagem permaneceu até hoje como uma lembrança do quanto minha família foi paciente e parceira durante um ano tão difícil e de muito estresse.

> **A cada implantação, novos problemas surgiam, e, ao lado da Itautec, encontrávamos soluções. Foi uma parceria muito importante, que certamente antecipou o movimento de automação comercial de todo o varejo do país.**

Em junho de 1987, concluímos o processo na loja de Vicente de Carvalho, no Guarujá. Todas as nossas 22 filiais passaram a ter terminais PDV atuando em substituição às caixas registradoras antigas. A Raia foi a primeira rede de varejo do país a ter 100% de suas filiais operando com terminais PDV.

Um dia, acompanhando a operação da filial da rua Augusta, presenciei um cliente saindo da loja com um pacote e observando o cupom fiscal, em direção ao seu carro estacionado. De repente, deu a volta, retornou à loja e perguntou para a operadora do caixa: "Você digitou tudo isso enquanto eu estava no caixa?". Uma prova inequívoca do quanto fomos pioneiros.

Pela primeira vez desde os tempos da Pharmacia Raia, nossa empresa ganhava notoriedade. Dei minhas primeiras entrevistas nos jornais mais importantes e apresentei o *case* em dois eventos logo em seguida. A Itautec também deu muita visibilidade ao feito. Além de várias peças publicitárias, financiou um belíssimo outdoor no Jockey, o ponto mais nobre de São Paulo, que na época era um veículo usado para propaganda.

Os resultados foram excepcionais, acima da mais otimista das expectativas. O número médio de colaboradores nas filiais reduziu-se de 22 para 15, uma economia de 2,5% sobre a receita de vendas da empresa. O nível médio de estoque caiu de sessenta dias para pouco mais de trinta. A liquidez gerada cobriu o rombo do Plano Cruzado.

No primeiro trimestre de 1987, o governo promoveu o realinhamento dos preços. Dessa forma, estávamos muito vivos e prontos para um novo ciclo de crescimento. E, como prêmio, me presenteei com uma viagem à Disney com minha família toda.

A CONCORRÊNCIA

A partir da metade da década de 1980, as redes de farmácias passaram a entender que seus interesses estavam se afastando cada vez mais dos das farmácias independentes. O sindicato do varejo farmacêutico não representava mais os interesses das empresas, que aceleravam a expansão de suas redes. As farmácias menores passaram a se defender, buscando aprovar leis restritivas, todas elas ferindo os princípios da livre concorrência. Um dos exemplos foi a lei do "Rodízio de Plantões", que nascera para garantir o atendimento farmacêutico nos finais de semana. No entanto, com o tempo tornou-se uma restrição às farmácias que pretendiam ficar abertas ininterruptamente por todos os dias da semana. Fazendo um paralelo, era como proibir um médico que não estivesse de plantão de ir visitar seus pacientes no hospital em um fim de semana.

Estava também em discussão outra lei, mais restritiva ainda, que impedia aberturas de farmácias num raio de duzentos metros de outra existente. Foi nesse momento que as redes começaram a se unir para lutar contra essas e outras leis restritivas que afloravam a cada momento nas mais diversas Câmaras Municipais espalhadas pelo país. E o que era aprovado em São Paulo era um caminho aberto para ser aprovado em outros municípios.

Por iniciativa de Ronaldo Carvalho, líder da Drogaria São Paulo, as principais redes de São Paulo se uniram, por meio de suas lideranças, para discutir os riscos que estavam postos e tentar estratégias para reversão do movimento. A reunião foi marcada no escritório da Drogaria São Paulo. Estavam presentes as principais redes de farmácias do estado.

O quadro concorrencial em São Paulo tinha na Drogasil a liderança histórica. Naquele momento, começava um processo de fracionamento interno de suas lojas, aproveitando os grandes espaços existentes. Como as drogarias não podiam vender produtos que não fossem medicamentos ou itens de higiene e beleza, a frente da loja foi dividida, ficando uma terça parte para medicamentos e o restante para uma área de conveniência com amplo sortimento de produtos, ao estilo das *drugstores* americanas. Com CNPJ diferente, a operação foi permitida. As lojas convertidas passavam a ter a bandeira Farmasil Drugstore.

A Drogaria São Paulo, vice-líder do setor, acelerava seu ritmo em busca da liderança. Foi a primeira a comparecer nos espaços comerciais nobres da Rede Globo, lançando programas de descontos a aposentados, de distribuição de ambulâncias e cadeira de rodas, de coleções de DVDs, entre outros. Tinha uma oferta de valor simples, focada em preço, estoque e funcionamento 24 horas. O Drogão vinha a seguir, com uma estratégia focada na presença nos principais shopping centers de São Paulo. Droga Raia, Drogaria Iporanga e Farmabon completavam o grupo dos líderes no estado.

Todavia, era muito difícil defender nossas teses sem a chancela de alguma entidade. Quando fazíamos nossas andanças pela Câmara de Vereadores para nossas tentativas de convencimento dos diversos vereadores, os ofícios eram assinados apenas por um punhado de empresas interessadas. Surgiu então a ideia de fundarmos uma associação de redes de drogarias cujos associados estivessem alinhados com princípios de liberdade de mercado e formalidade absoluta de seus negócios. Assim nasceu a Associação Brasileira das Redes de Farmácias e Drogarias (Abrafarma).

Para o lançamento, reunimos as principais redes de farmácias do país. O evento foi feito na nossa sede, e o nível de comparecimento nos entusiasmou muito. Rosalia foi a principal personagem dessa criação, juntamente com Ronaldo. Ambos foram os primeiros presidentes: Ronaldo, o primeiro, e Rosalia – por muitos anos a única mulher dentro de todo o grupo –, a segunda.

A HIPERINFLAÇÃO

Se a empresa caminhava bem no final dos anos 1980, a inflação cada vez mais disparava e colapsava a economia do país. Não havia mais nenhuma referência com relação ao real valor de uma transação.

> **Com 933% de inflação em 1988 e 1.765% em 1989, não tínhamos moeda para analisar nossos resultados, uma vez que o mesmo valor de face no início ou no final do mês tinha poder de compra significativamente diferente.**

Difícil imaginar o que era um balanço anual quando se somavam valores de janeiro com valores de dezembro. O balanço de uma empresa era o que dizemos, na prática, a "soma de laranjas com bananas". Um trabalhador assalariado de classe média fazia suas compras no primeiro dia do mês para seu poder de compra não ser corroído; proprietários de imóveis viam seus aluguéis virarem pó. Um varejo 70% à vista, como era o nosso à época, inegavelmente sofria muito menos. Por conta disso, a partir da metade de 1988, passamos a reajustar espontaneamente todos os aluguéis todos os meses.

Com todo o aumento de liquidez gerado pela automação comercial, voltamos a crescer a partir de 1988. Abrimos mais sete filiais em 1988 e mais cinco em 1989, totalizando 34 farmácias, praticamente quintuplicando o número de unidades em uma década.

Mesmo assim, a situação do país assustava cada vez mais. Pouco adiantava ser uma empresa forte se o país caminhava para o abismo. No segundo semestre de 1989, o país assistiu a uma das mais acirradas campanhas eleitorais de todos os tempos em meio a uma inflação que não parava de crescer. Fernando Collor, o "caçador de marajás", venceu, com a proposta de dar o tiro certo para matar o grande inimigo do país: a inflação. "Vencer ou vencer" era seu lema. Dias antes da posse, deu sinal verde para uma equipe visivelmente inexperiente anunciar um plano econômico que beirava a irresponsabilidade, ferindo os mais básicos direitos previstos na Constituição.

Em um único dia, determinou um confisco que esvaziou o caixa das empresas e a poupança dos cidadãos, engordando o caixa do governo. Anunciou cortes insustentáveis de ministérios que na prática nunca ocorreram e muito menos diminuíram o custo da máquina pública. Deixou 50 mil cruzeiros – a nova velha moeda – no bolso das pessoas. Por mais inconstitucionais que tenham sido as medidas tomadas, elas entraram em vigor. Alguns perderam suas casas; outros, seus carros; outros pararam os estudos. Alguns tiraram as próprias vidas.

Meu pai, aos 78 anos, tinha uma boa poupança e preparava-se para sair da casa em que morava para um apartamento que estava prestes a comprar. E como todo empresário de sucesso não tem espaço para pessimismo, me confidenciou que, se aquele confisco fosse bom para seus netos, não se incomodava de esperar um tempo para ter seu dinheiro de volta. Quando o dinheiro confiscado finalmente voltou, o poder de compra era infinitamente menor. Um verdadeiro confisco.

Dois dias depois, no domingo, analisando o plano de forma mais aprofundada, entendi que daquela vez o varejo não seria o segmento mais penalizado, uma vez que os recebíveis seriam convertidos em moeda nova para pagamentos. Assim, nossa maior preocupação era quem teria dinheiro para fazer compras na semana seguinte.

Surpreendentemente, a queda das vendas na semana seguinte começou em 25%, mas fechou a semana em 15%. Em maio, dois meses depois, o fluxo de clientes atingiu o nível normal, embora com um tíquete médio bem menor. Houve um número cada vez maior de pessoas conseguindo liberar seus recursos pelos mais diversos motivos, e o país voltou à normalidade, com o governo com o caixa mais gordo para poder continuar gastando e com as pessoas, agora sem suas poupanças, perdendo cada vez mais poder de compras. E a inflação voltou a disparar.

RETORNO ÀS ORIGENS

Em 1991, o Plano Collor já fazia água, e as graves acusações contra o presidente faziam antever mais turbulências à frente. Eu já havia aprendido que as crises podem se transformar em oportunidades se soubermos analisar o cenário adequadamente. Em chinês, crise e oportunidade são representados pela mesma palavra. Significam um ponto de inflexão, uma mudança brusca no cenário.

Entendemos que seria a hora de acelerar, trazendo uma agência de propaganda com mais musculatura para aumentar nossas vendas. Depois de um processo concorrencial abrangente, escolhemos a Guimarães. A Guimarães era o resultado da separação entre os sócios da Guimarães e Giacometti, uma agência de relevância no mercado publicitário, separação essa que acabara de acontecer. Ricardo Guimarães era o dono da agência.

Começamos por revisitar a nossa estratégia, naquele momento nada diferente da das demais redes, para então ampliar nossa presença na mídia. Na época, bem antes de surgirem os canais de TV fechados, a TV Globo dominava o mercado de forma quase absoluta. "O que se punha na telinha se vendia", era o que se dizia numa época na qual as peças publicitárias produzidas fizeram história. Ricardo, com sua capacidade de enxergar mais longe, entendeu que a estratégia de correr atrás do líder tinha sido importante até então. Porém, não seria a estratégia que nos levaria a ocupar a posição de liderança a que aspirávamos. Deveríamos pensar em outros caminhos.

Dessa forma, optamos por um caminho que pela primeira vez faria com que desviássemos o olhar da concorrência para colocá-lo em nossos clientes.

A farmácia que meu avô criara em 1905 tinha foco total no cliente. Ele procurava soluções que resolvessem as dores e necessidades de seus clientes, custasse o que custasse. Foi assim que conquistou uma clientela fiel não só em Araraquara, como também nas cidades vizinhas. Em 1925, quando ele saiu de Araraquara para vir a São Paulo, deixou o jovem Herculano de Oliveira à frente da farmácia seguindo todas as práticas que aprendeu, dando sequência integral ao legado do meu avô, sem nunca deixar de nutrir o espírito de valorizar o cliente.

Assim como meu avô João Baptista, Herculano de Oliveira fez história em Araraquara. Nas vezes em que eu visitava a filial de lá, era absolutamente impossível falar com ele. Formavam-se filas e mais filas de clientes para serem atendidos por ele. Não tinha tempo para conversas. Quando o Itaú fez uma campanha para fortalecer a atuação regional do banco, escolheu em cada região as figuras mais representativas. Um dia eu estava à frente da TV, e aparece Seu Herculano atendendo seus clientes em propaganda do banco. Era um ícone na região araraquarense.

Tive a sorte de conviver intensamente com ele por mais de quinze anos, o que fez com que eu sentisse hoje o privilégio de ter convivido também com a primeira geração, uma vez que meu avô faleceu quando eu tinha apenas quatro anos. Em uma das minhas visitas à filial, Seu Herculano apontou para o local do cabideiro ainda intacto em que meu avô colocava seu avental quando chegava à farmácia. Lágrimas encheram os seus (e os meus) olhos. Herculano comandou a farmácia de Araraquara até pouco antes de falecer, em 1993, aos 87 anos.

Um dos meus desafios na implementação do conceito de rede na empresa era padronizar os processos. No início da minha participação na companhia, uma das minhas várias atribuições era a supervisão das lojas. Começava pelas três filiais de Santo André, passava pela Praça João Mendes, nossa única filial em São Paulo, pegava a Anhanguera passando pelas duas filiais de São Carlos, até chegar à filial de Araraquara, sempre por último. Como Seu Herculano simplesmente não se ausentava da loja até atender o último cliente da fila, eu esperava a unidade fechar para me reunir com ele no fundo do quintal do prédio em que ficava a farmácia. Abria minha pasta, tirava todos os papéis que continham circulares, comunicados, novos processos, enfim, uma papelada razoável, que eu procurava explicar com toda a atenção a todos os gerentes que eu visitava.

Com Herculano era diferente. Ele fingia ouvir. Claramente não dava a atenção devida, e eu nunca conseguia terminar minhas explicações. Para ele, o que importava era saber por que o remédio do Sr. Hélvio Lupo não havia chegado conforme ele pedira, ou entender o problema do atraso da entrega das vitaminas solicitadas. Não importava se os produtos pedidos constavam no mix de produtos da empresa, para ele não fazia nenhuma diferença. E os sais que faltavam em seu laboratório, que ele havia pedido duas vezes? Aliás, era a única filial que mantinha um laboratório de manipulação. Não havia procedimento de entrega de produtos, mas ele contratava os guardas mirins de Araraquara para fazê-las. E os preços? Tabelas de descontos? Que descontos? Herculano acreditava que dar descontos era um demérito ao atendimento dele.

Apesar de todas essas peculiaridades, a farmácia de Araraquara tinha o dobro da venda e o triplo da rentabilidade de uma loja média. Nas demais filiais, competíamos usando um modelo simples de transações, balconistas comissionados, tabelas agressivas de descontos, mix de produtos escolhidos pelo retorno financeiro de uma transação.

Entendemos assim que o modelo da farmácia de Araraquara era um modelo de relacionamento. O resultado não vinha por meio de uma venda única, mas sim por um fluxo de vendas gerado pela fidelização do cliente.

Era uma visão antecipada do que hoje chamamos de *customer centricity*, ou seja, o cliente no centro do negócio.

O varejo farmacêutico estava se tornando um varejo igual a todos os outros, cuja dinâmica era otimizar o resultado de cada venda. Quando se vende uma roupa ou um carro, o vendedor normalmente não está preocupado com uma venda futura para aquele cliente. Não é uma venda recorrente. Já a venda da farmácia é recorrente. Cliente fidelizado vai à loja toda semana. Assim, a conclusão do trabalho com Ricardo Guimarães foi sair de uma estratégia "*follow the leader*" – focada em transações – para uma volta às origens, com uma estratégia de relacionamento focada no cliente.

Redefinimos o propósito da empresa enfatizando o cuidado com as pessoas. O relacionamento com os clientes deveria estar acima de uma transação de vendas. Ética, empatia e cortesia entraram para uma cartilha de valores inegociáveis. Em um ano e meio, fomos demitindo gradativamente toda a linha de balconistas comissionados, abrindo espaço para jovens de primeiro emprego. Como condição para participar do processo seletivo, precisavam apenas ter o ensino básico completo. Esses jovens, não muito diferentemente do que acontece hoje, não tinham recursos financeiros para cursar uma faculdade; e, sem a faculdade, a busca por um emprego se tornava mais difícil. Sem dúvida um ciclo perverso a ser resolvido. Todavia, pelo fato de serem jovens e não terem ainda iniciado no mercado de trabalho, não vinham com vícios de outras empresas de varejo, o que tornava muito mais fácil absorverem a nova (ou velha) cultura da empresa. Em paralelo, desenvolvemos um plano de carreira que permitia a esses jovens crescerem degrau a degrau, sempre dentro da cultura instaurada na companhia. Começavam no primeiro ano como auxiliares de lojas, operando o caixa e ao mesmo tempo dedicando uma parte do tempo a conhecer todos os produtos de higiene e beleza. Concluído o primeiro ano, já podiam se dedicar ao estudo dos medicamentos, para iniciarem o atendimento no balcão, sempre acompanhados e supervisionados por farmacêuticos da filial. Quando se mostravam aptos, passavam por testes escritos para subir ao segundo estágio, balconistas de medicamentos, não deixando de exercer as funções do primeiro estágio quando necessário. Da mesma forma, após a adaptação ao segundo estágio, começavam a aprender as tarefas administrativas da farmácia, preparando-se para galgar o terceiro estágio, como supervisores de loja, podendo se responsabilizar pela operação completa da farmácia na ausência do gerente. E, passado esse estágio, a partir de testes e avaliações, a cada abertura de vagas, poderiam chegar à posição de gerentes.

Além da importante tarefa de inserção de jovens no mercado formal de trabalho, esse plano equilibrava o crescimento da empresa com o dos colaboradores. Em quatro anos, um jovem recém-ingressado no mercado de trabalho poderia alcançar a posição de gerente. E como a empresa sempre crescia, as oportunidades iam surgindo de forma rápida.

Um dos meus maiores prazeres durante todo o período em que comandei a Raia era participar dos rituais de inauguração de lojas. A maioria delas era programada para sábado de manhã, a fim de permitir minha participação. Dentre os vários ritos, sempre acompanhados de muita emoção, ao final, em uma roda de mãos dadas com todo o grupo, eu nunca deixava de dizer, olhando nos olhinhos (a maioria já vermelhinhos) de cada funcionário que tínhamos dois compromissos fundamentais, um de cada lado: "Independentemente do tempo que vocês permanecerem na empresa, nós nos comprometemos a fazer com que saiam melhores do que entraram, e vocês têm o compromisso de deixar a empresa melhor do que encontraram".

Mais tarde começamos a financiar parte do curso superior aos que atingissem a posição de gerentes. Com isso, abríamos espaço para formar farmacêuticos com a cultura Raia, propiciando uma avenida de oportunidades para uma carreira muito mais proveitosa na empresa.

Empregos para jovens sem experiências já era um tema relevante na época. Diversas vezes, no feriado de 1º de maio, a TV Globo nos convocava para participar de uma matéria sobre o assunto. Depois da divulgação, as lojas recebiam dezenas de candidatos, que eram convidados a preencherem seus currículos. A partir dessa mudança, todos os colaboradores passaram a ter a formação iniciada pela base.

Atualmente todos os nossos gerentes das mais de 3.200 filiais que temos começaram a carreira pelo primeiro patamar do plano, hoje chamado de "Trilhar". Alguns entraram por meio do plano de carreira criado mais tarde para farmacêuticos formados, porém dentro dos mesmos conceitos. No total, em 2024, oferecemos 5,4 milhões de horas de treinamentos para dar suporte a esse plano de carreira. Uma parte acontece na própria farmácia; uma parte, via plataforma virtual; e outra, nos vinte centros de treinamentos espalhados pelo país. Além disso, houve 10.300 promoções nas farmácias, 700 delas para gerentes.

O plano de carreira foi e continua a ser a mola propulsora do resgate das nossas origens. Voltamos a ser a farmácia que foca o relacionamento com o cliente, bem à frente de uma simples transação, e nunca mais abandonamos esse conceito. Logo no início, criamos materiais simples e até lúdicos para implantar a nova cultura. O plano de carreira das lojas era um jogo de dados, em que o "trajeto" era representado pelas etapas a serem cumpridas para se atingir as diversas "casinhas", cada uma delas representando uma promoção. Os comportamentos esperados por parte dos colaboradores em loja compunham um gibi, facilitando sobremaneira o entendimento. Os valores foram gravados em um vídeo feito dentro de um clássico no Morumbi, no qual o locutor interrompia a partida em determinados momentos para introduzi-los, fazendo associações com as ocorrências da partida. Nossa identidade visual foi reformulada – das fachadas aos uniformes, passando por todos os elementos internos. Estávamos prontos para apresentar toda a mudança para nosso grupo de lideranças das 39 lojas existentes e da área corporativa como um todo.

No final de 1991, reunimos as lideranças em uma grande convenção em Sorocaba, para apresentar e celebrar nossa nova (ou "velha") cultura. O evento foi energizante. Ricardo Guimarães como mediador; eu, Franco e Rosalia conduzindo as diversas apresentações. Ao final, Propósito e Valores foram colocados em um "Livro de Ouro" com assinatura de compromisso por parte de todos. Finalizei o dia muito emocionado, aliás, como a maioria dos participantes.

O ano seguinte foi dedicado a implementar o projeto em todas as filiais existentes, trocando fachadas e promovendo uma repaginação interna. No final do ano, estávamos prontos para acelerar a expansão.

Não tenho dúvidas de que nossa mudança de posicionamento e plano de carreira estabelecido foi o grande vetor do crescimento que permeou toda a década de 1990, tornando a Raia uma das top 3 do varejo farmacêutico do Brasil. Hoje parece óbvio falar sobre posicionamento de marca, cultura e plano de carreira, mas em 1991 não era nada trivial. O termo "*branding*" não era sequer utilizado por aqui.

Ao mesmo tempo que fizemos esse movimento de "volta às origens", a Drogasil fazia um movimento contrário. Aproveitando suas áreas de vendas predominantemente grandes para o modelo de farmácias, e de olho no modelo americano de *drugstores*, ela reduziu para um terço suas áreas de vendas de medicamento, utilizando todo o espaço restante da loja como uma loja de conveniência sob a marca Farmasil Drugstore. Até então, Drogasil era quase sinônimo de farmácia. Desse momento para a frente, a expansão desse modelo em substituição ao modelo tradicional de farmácia fez com que gradativamente ela fosse perdendo foco na sua operação. À medida que os anos se passavam, a Drogasil perdia posições no *ranking*, cedendo a liderança para a Drogaria São Paulo no início da década de 1990 e terminando a década na quinta posição. A ideia de rentabilizar espaços com produtos desalinhados com seu propósito custou muito caro e deixou um enorme desafio para o futuro.

O LEGADO DA TERCEIRA GERAÇÃO

O aprendizado da terceira geração se resumiu a fazer as coisas sempre com critérios claros e colocando a empresa acima de nós. Nossas retiradas eram um exemplo disso. Em primeiro lugar, vinha o bolso da empresa, depois o nosso.

Eu, Franco e Rosalia nunca tivemos qualquer tipo de conflito. Nunca houve um contrato para mediar nossa relação. Frequentávamos o mesmo escritório e conversávamos sobre todos os assuntos durante nossos almoços todos os dias na empresa. Compartilhávamos o mesmo sonho: construir um grande legado, que desse muito orgulho a nós, nossos pais e nossos filhos.

Rosalia comandava a área de Recursos Humanos e a área jurídica. À frente da área de Recursos Humanos, era quem sempre recebia o primeiro impacto das más notícias que vinham do dia a dia das filiais – assaltos em lojas, saques de mercadorias, furtos de clientes ou, algumas vezes, também de funcionários, ocorrências com clientes destemperados, entre outras. Também casos que nos levavam a risos ou até gargalhadas. Nunca me esqueci de uma vez que um gerente de loja que deveria abri-la às sete da manhã chegou ao meio-dia. A explicação dada ao gerente regional era que sua mãe havia falecido, o que gerou desconfiança. Rosalia recorreu aos dados que constavam do cadastro, localizou o telefone da mãe, em Recife, ligou e conversou disfarçadamente com ela, mais viva do que nunca. À tarde chamamos o gerente para uma conversa e juntos ouvimos com atenção a triste narrativa da perda da mãe. Quando nosso "gerente artista" já se aproximava dos prantos, tomei a palavra e, com um tom carregado de alegria, falei: "Pois eu tenho uma notícia que vai te deixar muito feliz. Sua mãe está VIVAAA!!!".

Ao mesmo tempo, liderando a área jurídica, Rosalia foi uma guerreira feroz. Mesmo antes da formação da Abrafarma, não se intimidava em argumentar com os sindicatos e principalmente associações de farmácias locais. Era comum encontrá-la na sua sala redigindo longas cartas endereçadas a prefeitos ou vereadores, a maioria delas para impedir ou derrubar leis que feriam os princípios de liberdade econômica. No final da década, foi a grande protagonista da queda dos rodízios de plantões na cidade de São Paulo. Abriu-se então o caminho para a derrubada desse tipo de lei nos demais municípios do estado.

Já Franco tinha um temperamento oposto – mais tranquilo, o único dos três que esperava a hora de falar numa discussão. Seu humor fino e afiado trazia leveza à nossa vida no escritório. Amante do pôquer, era o perfil perfeito para estar à frente da área comercial. Negociava como ninguém fazendo sempre uma boa leitura do ponto até onde poderia chegar numa negociação. A área de logística também era de responsabilidade dele. Além de manter a operação diária de abastecimento, era ele quem recebia o primeiro impacto dos diversos roubos de caminhões repletos de mercadorias e tentava de todas as formas criar mecanismos para controlá-los, uma vez que não havia mais companhias que se dispusessem a fazer seguro de tal tipo de crime.

Difícil separar meu pai dessa nossa trinca. De fato, ele não participava dos negócios, mas sua presença diária na empresa, sofrendo ou comemorando conosco, foi fundamental. Ele chegava todos os dias ao escritório às dez em ponto. Lia o jornal tomando café. Nas poucas vezes em que eu estava na minha sala, sempre passava para dar um bom-dia. Sabia que, acelerado como eu era, não daria a ele o tempo para uma conversa. Se meu irmão estivesse na sua sala, ali ele passaria um tempo. Sentado à frente dele, procurava sempre uma conversa. Depois disso, passava pela sala de reuniões, onde quase sempre eu estava. Ali se sentava e observava tudo até o meio-dia, quando ia para casa. À tarde, voltava às três e saía impreterivelmente às cinco. Nem um minuto a mais ou a menos.

Sua companhia, por mais que gerasse alguma impaciência quando me interrompia, me transmitia segurança; sabia que, quando enfrentasse algum momento complicado, ele estaria ali para ouvir e compartilhar sua experiência. Em alguns momentos, eu sentia nele certa frustração por não ter mais a capacidade de participar de nossa jornada. Talvez para compensar isso, nunca se desligava da empresa. As visitas às filiais eram seu grande prazer nos fins de semana. Ficou famosa uma vez em que foi visitar a loja de Itu num sábado de manhã e ouviu do gerente que as vendas estavam boas, mas que um problema com o transporte impediria a loja de receber a reposição de estoque prevista para aquele dia, o que faria com que a venda provavelmente caísse no domingo. Meu pai não teve dúvidas: retornou com seu Opala ao nosso centro de distribuição na Frei Caneca e à tarde voltou à filial com caixas de medicamentos no porta-malas. Assim era meu pai, um eterno apaixonado pela empresa.

Às vezes me acompanhava em visitas ao interior, algumas delas indo até São José do Rio Preto e voltando no mesmo dia. No retorno sempre contava as dificuldades pelas quais passara na segunda geração com seus cunhados – sem dúvida para ressaltar que foram tempos difíceis. Era uma forma de mostrar o quanto sua decisão arrojada de assumir a empresa naquele momento foi vital para o nosso sonho de crescimento – uma decisão que certamente nenhum de nós teria tido a coragem de tomar.

Passamos por momentos muito difíceis que nos deixavam abalados, mas sempre confortávamos uns aos outros. Um bom exemplo foi a onda de falsificação de medicamentos de 1998. Um laboratório de manipulação muito famoso, no centro de São Paulo, teve medicamentos manipulados apreendidos, vendidos com placebo dentro das cápsulas. Um verdadeiro escândalo. Medicamentos para tratamento de patologias sérias inclusive, com graves consequências para os pacientes necessitados. A partir daí, criou-se uma verdadeira neurose com relação à falsificação dos medicamentos provenientes das indústrias. Num domingo de julho, a revista *Veja* publicou na capa fotos de pares de caixinhas de medicamentos indicando irresponsavelmente que uma era falsa e a outra, verdadeira.

Na tarde do mesmo dia, eu estava prestes a embarcar para assistir às finais da Copa do Mundo da França quando recebi um telefonema de um dos gerentes regionais, de dentro da delegacia, acompanhando o gerente da filial de Pinheiros, detido por conta da acusação de uma cliente baseada na capa da *Veja*. Segundo ela, a Novalgina que estávamos vendendo era falsificada. Eu não conseguia imaginar como uma quadrilha optaria por falsificar uma Novalgina, investindo em embalagens, placebo, blisters, bulas. Qual seria o custo de fazer isso? Não seria mais fácil assaltar as prateleiras, como várias gangues faziam? Felizmente, o delegado de plantão não acatou a acusação e ainda ameaçou um repórter de um jornal popular que queria publicar uma ocorrência que não foi legitimada. De toda forma, perdi o voo e viajei dois dias depois, sem direito a assistir à vitória do Brasil na semifinal.

A mesma sorte não tivemos em São Carlos. Um fiscal da Vigilância Sanitária foi à loja acompanhado de um jornalista local e pediu uma caixa de Citoneurin, um produto fabricado pelo Laboratório Merck do Brasil. Na época, os laboratórios farmacêuticos utilizavam um padrão visual homogêneo em suas embalagens. No caso da Merck, o padrão havia mudado meses antes, e as embalagens, antiga e nova, eram completamente diferentes. Mesmo assim, o fiscal fez um boletim de ocorrência, alegando que enviaria o produto para teste no Instituto Pasteur para comprovar se se tratava de medicamento falsificado. O "jornalista" não hesitou. Publicou em primeira página de seu jornal: "Droga Raia vende medicamentos falsos". A publicação gerou matéria no SP TV, o jornal das sete da noite da TV Globo. Mesmo sem publicar o nome da empresa, escancarou a identidade visual da farmácia na matéria.

O lado bom, se é que pode existir numa situação dessas, é que no dia seguinte, mesmo se tratando de uma cidade de dimensões médias, nenhum cliente questionou a reputação da empresa. As vendas seguiram no mesmo ritmo, sem nenhum tipo de anormalidade.

Mais tensos ainda foram os enfrentamentos com a criminalidade e a violência. Da metade da década de 1980 até o final da década de 1990, mantínhamos uma média de um assalto por mês por filial. O pagamento em dinheiro representava em torno de 70% do total. Assaltos à mão armada eram frequentes. Perdemos dois funcionários assassinados em loja. Aprendemos que seguranças armados só aumentavam o perigo, por conta de reação a assaltos, tentativas de roubos de armas ou pelo receio dos assaltantes de serem baleados. Dois seguranças armados terceirizados foram assassinados trocando tiros com assaltantes.

Em 1998, em apenas dois meses, oito arrastões levaram todos os medicamentos das lojas; sempre em bando, os criminosos entravam em cerca de vinte pessoas com sacos de lixo e iam jogando para dentro todos os medicamentos das prateleiras. Estancamos essa onda de violência e crime com a implantação do monitoramento de imagens a distância. Até implantar monitoramento do transporte de mercadorias a distância, tínhamos uma média de um caminhão por mês com

toda a carga roubada. Por duas vezes, nosso centro de distribuição foi alvo de arrastão, com gangues utilizando caminhões nossos estacionados no pátio. Nos dois casos, os prejuízos foram enormes. Em todas as situações acima, não havia companhias que fizessem seguro. Quando havia, o custo era totalmente inviável.

O fato é que vivemos em um país muito difícil e conturbado, primeiro com uma ditadura política e depois com uma "ditadura econômica", traduzida por planos econômicos que vinham na calada da noite impondo regras que afrontavam os princípios constitucionais. Sofremos com os que foram editados, mas também com os boatos dos que não foram. Sempre que eu tirava férias fora do país, não procurava nenhuma notícia do Brasil; um dia antes da volta, começava a sentir uma tensão misturada com angústia, relacionadas ao que poderia ter acontecido na minha ausência. Hoje percebo que fomos heróis por enfrentar e vencer em um país tão conturbado política, econômica e criminalmente.

A terceira geração partiu de uma pequena empresa de sete farmácias para conduzi-la a uma companhia de 105 lojas, e vice-líder do setor, atrás apenas da Drogaria São Paulo. Deixou um legado de inovação, marcado principalmente pela automação pioneira de lojas, e também pela inserção de jovens no mercado de trabalho, uma das maiores contribuições que uma empresa pode dar à sociedade. Legou uma cultura de cuidar das pessoas – colocando o cliente antes da venda – que se manteve até hoje como seu propósito maior. Tenho muito orgulho de ter participado da terceira geração, de ter composto um trio que por mais de vinte anos permaneceu à frente da companhia.

Com meus irmãos na Convenção de Sorocaba (1991)

Meu pai sempre presente (1994)

A QUARTA GERAÇÃO

No final dos anos 1990, meus irmãos foram, pouco a pouco, se distanciando da organização. Minha irmã ficou viúva em 1996 e tentava reconstruir a vida. Meu irmão recebeu em 1997 um diagnóstico da volta de um câncer da sua mulher, Lilian, e estava muito abalado.

Para uma sociedade, é muito difícil passar por momentos em que o olhar dos sócios se desalinha em relação ao futuro. Esse é um dos testes mais difíceis de sobrevivência de uma empresa, e normalmente acontece nas passagens de gerações.

Nesses casos, é natural que os herdeiros pensem de forma diferente. Alguns sonham com a continuidade do legado, procuram um espaço de participação na construção desse sonho; outros têm profissões ou negócios diferentes, preferem realizar alguma liquidez. De toda forma, esses são os momentos em que a união dos sócios é submetida a uma prova de fogo. Todas as visões e aspirações são legítimas, mas o caminho para satisfazer a todos precisa ser buscado com equilíbrio e transparência.

No nosso caso, tínhamos consciência de que a empresa não podia deixar de crescer, para preservar e adicionar valor de forma contínua como fazia; ao mesmo tempo, não era possível abrir mão de recursos para indenizar sócios em uma eventual saída, o que aliás nunca foi pleiteado por algum de nós.

Podíamos ter vendido a companhia? Sim, não teria sido difícil. Era uma empresa rentável, financeiramente saudável, em um setor extremamente promissor, especialmente por conta da inversão contínua da pirâmide demográfica, que inevitavelmente aumentaria a população de idosos e, com isso, o consumo de medicamentos. Mas o que fez com que essa hipótese nem fosse cogitada foi o entusiasmo dos nossos filhos – naquele momento, os filhos da Rosalia e do Franco, uma vez que os meus ainda eram pequenos.

A geração dos nossos filhos, quarta geração da família, cresceu vivenciando o sucesso do nosso negócio. Ainda pequenos, visitavam as filiais, passavam sábados no escritório brincando, distribuíam panfletos promocionais nas redondezas das lojas. Todas as segundas-feiras, minha mãe reunia a família para um jantar. Não demorava mais do que dez minutos para que a conversa se virasse para o lado da empresa. Coitada da minha mãe, que preparava o jantar com tanto carinho, fazia uma macarronada que todos adoravam, mas se sentia sempre fora da conversa. Sempre com muito entusiasmo, eu, meus irmãos e meu pai falávamos do negócio, e assim a quarta geração acompanhou de perto a paixão que nutríamos pela companhia. Nesse contexto, entendemos que ela poderia seguir por mais uma geração. Para que isso ocorresse, precisaríamos estabelecer critérios.

Definimos um formato em que qualquer postulante a ocupar um cargo deveria (1) se formar em uma faculdade de primeira linha, (2) trabalhar três anos em empresa no Brasil, (3) fazer um ano de estágio na companhia, para conhecê-la, e (4) fazer um mestrado (MBA) fora do Brasil. Em princípio, salvo concordância minha e de meus dois irmãos, poderíamos escolher apenas um por família para trabalhar no negócio. Nunca fizemos contrato a respeito disso, nem mesmo uma anotação numa folha de papel qualquer. Fomos demasiadamente simplistas na forma de encarar um processo tão fundamental para a continuidade da organização.

O ano 2000 marcou a entrada da nova geração. Eugênio, filho de Rosalia, finalmente iniciou a carreira na empresa. Digo finalmente porque a carreira de Eugênio no negócio, de forma figurativa, começou aos quinze anos, em vários sábados que me acompanhava em visitas às farmácias, com interesse genuíno e sempre com perguntas que me assustavam pela pertinência.

Depois de se formar em Administração na FGV, trabalhar na Arthur Andersen Consulting e completar um MBA na Universidade de Michigan, Eugênio trilhou carreira na McKinsey, que tanto o entusiasmava, e acabou sendo difícil, para mim, cobrá-lo de um compromisso de vir para a companhia. Chegou à Raia em um ritmo avassalador, com uma quantidade de ideias provocadoras que faziam meus olhos brilharem.

> **No entanto, o grande desafio da transição de gerações é sem dúvida o equilíbrio entre ambas. Só mais tarde entendi o desafio das empresas de se manterem ambidestras, de um lado mantendo o legado e de outro abrindo espaço para a inovação.**

Se a balança pender com força exagerada para o lado da manutenção do legado, as novas ideias tenderão a ser rejeitadas, e a organização correrá grande risco de entrar em processo de decadência. Se a balança pender com força exagerada para o lado da inovação, o legado pode perder qualidade, e a obsessão pela inovação pode comprometer a empresa financeiramente.

Não foi fácil encontrar esse equilíbrio. Eugênio, como grande estrategista que sempre foi, trouxe na bagagem um leque de oportunidades de inovações. O novo é sedutor, e, para um empresário apaixonado como eu, o risco é não dosar a aceleração das mudanças. E essa responsabilidade era minha.

Começamos uma era de iniciativas inusitadas e aceleradas. Ao longo do ano 2000, investimos em uma parceria para criar uma empresa latino-americana de *e-commerce* quando o segmento ainda engatinhava;

investimos na implantação de um modelo logístico de entregas que demorou a produzir resultados; iniciamos (e logo abortamos) a construção de um website investindo em um momento em que ele ainda não se mostrava necessário; investimos pesado em mídia institucional, com participação em novela de horário nobre; e ainda investimos muito dinheiro para entrar no difícil mercado do Rio de Janeiro, abrindo dez filias em um espaço de seis meses.

No ano seguinte, veio a ressaca. Nossa liquidez, sempre em patamares confortáveis, diminuía em ritmo acelerado. Em busca de soluções, chamei meus irmãos e expus a situação. Propus uma forte redução dos nossos dividendos e o zeramento de nossos pró-labores, o que se manteria até o final de 2003.

O ano seguinte, 2002, marcou a saída de Rosalia e Franco. Após participarem por dois anos do processo de entrada de seus primogênitos, Eugênio e André, saíram da gestão executiva para compor um conselho consultivo juntamente comigo. Reuníamo-nos sempre a cada dois meses para compartilhar nossas estratégias e nossos resultados e, ao mesmo tempo, acompanhar o processo de sucessão em curso. O desafio principal era ajustar a estrutura organizacional para a entrada da nova geração, cujo espaço já estava aberto com a saída dos meus irmãos. Nesse momento, em 2002, tínhamos apenas Eugênio efetivado na empresa; outros três seguiam o caminho de postulantes, cumprindo estágios ou fazendo MBAs em momentos alternados.

Nesse ano, André, o filho mais velho de meu irmão Franco, já formado em Economia na PUC, após trabalhar como consultor na Control Bank e passar por um estágio na empresa, cursava MBA na Universidade de Melbourne, na Austrália. Kika, segunda filha de Franco, já formada em Administração pela USP, após passagem pela Ernst Young, finalizava estágio na companhia e se preparava para fazer MBA no Institut Européen d'Administration des Affaires

(Insead), na França. Marcello, terceiro filho de Rosalia, já estava formado em Administração na FGV, havia trabalhado um período na Accenture e outro na Arthur D. Little, e começava o estágio na Raia, ao mesmo tempo que se preparava para o MBA que viria a concluir em Michigan nos anos seguintes.

À medida que cumpriam seus períodos de estágio, meus olhos brilhavam. Com o entusiasmo que tinham, com a capacidade que demonstravam, percebi que não poderia abrir mão de nenhum deles. Chamei meus irmãos e mudamos a regra. Seriam dois por família.

Foi ficando claro que profissionalização não precisava se dar com executivos de fora. Desenvolver jovens da família, à luz da competência e da meritocracia, dentro de uma cultura instaurada por seus pais, cada vez mais se mostrava o melhor caminho para a perpetuação da empresa.

Mas como integrar um grupo de executivos competentes, que haviam participado ativamente da construção do legado, com jovens com excelente formação e competência estratégica, mas sem experiência executiva? Os executivos de longa carreira na empresa não pareciam ser os que a levariam para o futuro; ao mesmo tempo, a quarta geração, estrategicamente brilhante, não demonstrava ter em seus quadros perfis executivos para a manutenção do legado conquistado pelas gerações anteriores.

Ficou evidente que erramos em não ter trazido uma consultoria para nos ajudar a mediar o processo. O modelo organizacional que funcionou durante a terceira geração também não seria o que nos levaria ao futuro. Como combinar os dois grupos para criar uma estrutura funcional e sem inchaços?

A solução se deu aos poucos. Quando a quarta geração iniciou o processo de entrada, eu respondia pela liderança, ocupando o primeiro nível juntamente com meus dois irmãos; o nível seguinte era ocupado por oito executivos chamados à época de gerentes de área. Com a saída de meus irmãos, em 2002, criamos um nível intermediário de diretores, logo abaixo de mim e acima do grupo de gerentes de área.

À medida que os membros da nova geração eram aprovados e confirmados para ocupar cargo na Executiva, entravam diretamente na posição de diretores. Ao longo do período de estágio na empresa, eu analisava o perfil de cada um, e ao final alinhávamos possíveis posicionamentos caso viessem a ser diretores, o que permitia que se dedicassem ao desenvolvimento das competências para o cargo, especialmente nas escolhas para seus períodos de estágios ou trabalhos enquanto estivessem fora do país.

Em um primeiro momento, do grupo de oito gerentes de área, dois assumiram posições de diretores: Jefferson Torres e Fernando Varela. Outros dois teriam uma cadeira de diretor acima de suas áreas, o que faria com que deixassem de se reportar a mim. Por conta disso, ambos resolveram aceitar convites externos e deixaram a empresa. Um deles, André Gonçalves, gerente da área de marketing, deixou um legado de construção da marca extraordinário; o outro, Rui Telles, gerente da área comercial, deixou um excelente histórico de muita inovação. Os demais permaneceram em suas posições.

Com esse movimento, duas posições de diretores para comandarem duas áreas ficaram em aberto. Coincidentemente, eram duas áreas cujos escopos se alinhavam diretamente com as carreiras iniciadas pelos dois sobrinhos remanescentes que não haviam seguido exatamente a grade de sucessão proposta para postular cargo na empresa. Partiu exclusivamente de mim convidá-los a participar da companhia.

O segundo filho de Rosalia, Alexandre, havia se formado pela Escola Politécnica da USP e concluído MBA no MIT. Marta, terceira filha de Franco, havia concluído curso de Hotelaria em Montreux, na

Suíça, trabalhado como executiva na Rede Sheraton e iniciava uma carreira como consultora da indústria hoteleira.

Assim, no início de 2005, a transição chegou ao fim. Havia oito diretorias, seis ocupadas pela quarta geração da família. O núcleo estratégico contava com Eugênio, Kika e Marcello, que recém-completara MBA em Michigan, ocupando respectivamente as diretorias Comercial, de Marketing e Gestão de Categorias; André se fixou na Logística; Alexandre, em Finanças; e Marta, em Recursos Humanos. Além deles, Fernando Varela conduzia a diretoria de Tecnologia, e Jefferson Torres a de Patrimônio, completando o quadro de diretores.

A partir desse momento, por sugestão de Eugênio, para não haver conflitos com referência a meu nome, até então Antonio Carlos para os executivos anteriores à nova geração e Toninho para os da família, passei a ser chamado por todos de ACP. Do nível mais inicial das farmácias até o mais elevado da Executiva, até hoje, todos me chamam de ACP e me tratam por "você". Uma solução para a empresa e um pequeno problema fora dela, onde posso ser chamado de Toninho, de Pipponzi ou também de ACP. Uma saudável confusão que em nada me aborrece.

Acredito que nenhum consultor apostaria em um modelo de sucessão como o que foi implantado. Todavia, a competência e a determinação desses jovens no cumprimento das condições pactuadas para a entrada na empresa, associadas a uma visão de perenidade da organização e manutenção da cultura, reduziram muito as chances de a sucessão fracassar.

Dificuldades surgiram, mas sempre foram contornadas dentro desses princípios. A família continuou unida, e o núcleo estratégico que ali se formou segue na linha de frente da organização até os dias de hoje.

MORRE ARTURO

Em 2 de outubro de 2002, meu pai completou noventa anos. Como presente, reservamos para esse dia a inauguração da nossa filial na Praça Panamericana – um velho sonho nosso, um ponto icônico, no coração do bairro onde meu pai passou quase todo o tempo que viveu no Brasil.

Ele cortou a fita e, em seguida, foi homenageado com a presença dos filhos, netos e executivos da empresa, além do pessoal da loja. À noite, meu irmão preparou uma festa surpresa, encerrando um dos dias mais bonitos da vida do meu pai. Ele ainda viveu por mais dois anos, sempre lúcido e cumprindo sua rotina. Até seus últimos dias no hospital, eu levava o resumo das vendas das 128 lojas abertas. Eram quatro a serem abertas até o final do ano, e ele dizia lamentar não poder viver para vê-las.

Se ele foi distante como pai, foi grudado como "sócio". Era minha fonte de inspiração nos meus sonhos com relação à empresa. Foi meu pai que me ensinou a amar o negócio como nunca deixei de amar.

No ano que antecedeu sua morte, todos os sábados saíamos juntos, ele na cadeira de rodas e eu a pilotando. O programa era o mesmo: visitar duas ou três farmácias e em seguida tomar um café, onde esticávamos conversas até a hora do almoço. Almoçávamos juntos e depois eu o deixava em casa. Foram os melhores momentos com meu pai, quando me senti mais próximo dele.

Meu pai faleceu em setembro de 2004, aos 92 anos. Já em agosto de 2005, a Droga Raia comemorou cem anos. Mais de mil pessoas compareceram ao Clube Monte Líbano, e Arturo não estava na festa. Mas não tenho dúvidas de que as maiores homenagens foram para ele. Mais do que merecidas.

Meu pai na inauguração da loja da Praça Panamericana no dia do seu aniversário de 90 anos

Discursando na comemoração do centenário da Raia

ABERTURA DE CAPITAL

Em 2006, a Raia teve um bom ano. Melhoramos a rentabilidade e abrimos doze filiais. Três anos antes, havíamos entrado simultaneamente em Belo Horizonte e Curitiba, o que fez com que nossa rede já passasse a ser vista como potencial consolidadora do mercado. Fechamos o ano com 150 filiais. A economia do Brasil andava bem. No ano seguinte, as agências de risco elevavam o país ao grau de investimento. A Bolsa de Valores registrava um recorde de aberturas de capital (IPO) no Brasil. Eram tantas as empresas que iam a mercado que já pairava no ar uma desconfiança quanto ao cumprimento dos planos de negócios apresentados aos investidores (*business plans*). Era uma corrida do ouro.

Como único remanescente da terceira geração, e com todo um time jovem de diretores da quarta, não faltaram discussões estratégicas em que eu acabava por ceder sem um grau de convicção adequado. Na maioria das vezes, essa falta de convicção não se relacionava a divergências de ponto de vista, mas sim de *timing* de implantação. O ritmo da quarta geração era intenso e acelerado; o apetite pela inovação, voraz. Mais tarde entendi por que falhei. O glamour que o "novo" me provocou desfez o equilíbrio da empresa. O legado ficou em segundo plano, e a balança passou a pender cada vez mais para o lado da inovação.

Nesse contexto, a ideia de um possível IPO começou a ser ventilada. Nossa cultura era de muito conservadorismo com relação à gestão de caixa. E, em um varejo como o nosso, de alto valor agregado e baixas margens, qualquer desatenção com o caixa pode comprometer a saúde da empresa. Por conta disso, durante todo o período em que estive à frente da Executiva, recebia todos os dias um relatório com a posição de caixa da empresa. Logo que iniciei meus primeiros passos no negócio, meu pai me transmitiu uma obsessão pelo controle do caixa.

Até então, nossos investimentos eram todos feitos com recursos próprios. Mas considerando o cenário tão favorável da época, a ideia de usarmos recursos externos para acelerar nosso crescimento tinha fundamento. E essa provocação foi feita com toda a lógica pelo nosso grupo de jovens executivos.

Se tivéssemos seguido a cartilha normal, o primeiro passo seria buscar recursos em banco, com valor e prazos ajustados a uma lógica realista de crescimento da empresa no período em que durasse o empréstimo. Mesmo com taxas ainda elevadas para um padrão global, a taxa de retorno que a companhia conseguiria dar aos recursos injetados seria bem superior a uma taxa de captação em bancos. Dentro da mesma cartilha, o passo seguinte, uma vez que a continuidade da tomada de recursos em bancos apontasse para um desconforto da dívida, normalmente seria a busca por um aporte de um fundo de *private equity*, nada difícil para uma empresa com dívida sob controle e perspectivas claras de retornos futuros. Finalmente, o último passo seria a abertura de capital, para dar liquidez à família e ao fundo.

Esse seria o roteiro normal a ser seguido, minimizando riscos, pagamento de juros e perda de participação societária. Ir direto para uma abertura de capital parecia seguir o caminho inverso do que indicava a lógica.

> **Todavia, com a inquietude da quarta geração e com a liquidez tão esperada pelos meus irmãos após anos de participação na empresa, por maior que fosse meu desconforto, não me senti no direito de abortar a ideia.**

Tinha pouca familiaridade com o mundo financeiro, nunca havia tomado empréstimo ao longo da vida.

Pensando em demonstrar ao mercado forte musculatura para crescimento, assumimos um empréstimo equivalente a quatro vezes nossa geração anual de caixa, para quadruplicar nosso ritmo anual de crescimento, ou seja, passar de 12 aberturas anuais de farmácias para 48. A expectativa era abrir o capital no final de 2007.

Desconsideramos todos os impactos que o plano teria na operação da empresa, superestimamos nossa capacidade de acerto na escolha dos novos pontos comerciais e, ainda, para completar o cenário, fomos aumentando preços e reduzindo despesas e capital de giro, para manter os números apresentados na tomada do empréstimo. Foi um grande erro, certamente o maior de toda a história da Raia.

A expansão de lojas tem uma curva de aprendizado; é impossível passar de 12 para 48 aberturas ao ano mantendo a performance nas lojas abertas. Nosso índice de erros (hoje, com toda a experiência adquirida, é de 3%) nesse ano atingiu 25%; ou seja, 12 das 48 unidades abertas não sobreviveram. As lojas novas demoraram muito mais para atingir o ponto de equilíbrio, queimando caixa além do previsto; a estrutura corporativa não estava preparada para um crescimento de mais de 30% no número de filiais, o que gerou problemas em quase todas as áreas do negócio, prejudicando fortemente a operação; a redução de estoques aumentou o nível de faltas, prejudicando enormemente o nível de serviço das lojas. Como reflexo desses erros, as vendas entraram em declínio, e os resultados, também.

Por fim, a crise do *subprime*, que se iniciou na metade de 2007, não só elevou juros como também foi fechando as janelas para abertura de capital. Evidentemente, no final de 2007, nosso IPO foi abortado. Estava armado um cenário de perspectivas muito sombrias para 2008, que se tornou o ano mais desafiador de toda a minha carreira empresarial.

Assim que 2008 começou, o primeiro desafio foi mensurar os estragos que nossa tentativa frustrada de abertura de capital havia provocado. Para tanto, o passo número um era atualizar a contabilidade. Todo o nosso esforço da preparação para o IPO havia penalizado o trabalho diário da contabilidade. Estávamos com seis meses de atraso na emissão dos relatórios. O caixa não parava de baixar, e o atraso da contabilidade em produzir dados aumentava minha angústia. Os recursos externos haviam sido drenados pelas aberturas de lojas, pelas despesas com o IPO (que não se realizou) e pelos juros contraídos nas operações de tomada de empréstimos. Além disso, mudanças do sistema tributário nos obrigaram a pagar todo o Imposto sobre Circulação de Mercadorias e Serviços (ICMS) sobre nossos estoques, o que agravou ainda mais a situação. As parcelas das dívidas contraídas começavam a vencer, uma vez que o aporte efetuado para o IPO tinha vencimentos de curto prazo.

Alguma entrada de recursos era necessária. Recorremos ao Banco Nacional de Desenvolvimento Econômico e Social (BNDES), e, embora o crédito tivesse sido aprovado, os trâmites eram lentos, e a liberação não aconteceu de forma rápida. Era hora de tentar trazer um fundo de investimentos. Para isso, precisávamos finalizar a atualização da contabilidade para iniciar um *roadshow* e a busca por investidores.

No meio de tanta angústia e incerteza, meu isolamento só aumentava. Eu não me conformava por ter avalizado uma situação sem uma análise mais profunda dos riscos. Em meio ao caos, recebi telefonema do José Monforte, à época presidente do Instituto Brasileiro de Governança Corporativa (IBGC), que havia nos ajudado a montar nosso Conselho de Administração. Após muitos anos participando do Conselho da Natura, Monforte havia assumido a liderança da Pragma, um *family office* dos três sócios controladores da Natura.

Para mim, a Natura sempre havia sido grande referência empresarial. Uma empresa à frente de seu tempo. Atendi o telefonema, e, após troca de amenidades, ele me disse: "Toninho, queremos ser seus sócios".

Essa frase até hoje não saiu da minha mente. Foi como se em segundos eu recuperasse a autoconfiança abalada desde o triste episódio vivido com a tentativa frustrada de IPO. O que poderia ser melhor do que ter como sócios um trio de empresários que tinham uma visão de futuro com a qual eu sempre me identificara?

Apesar disso, tudo não passava de uma intenção. Para avançar as conversas, precisávamos apresentar um *business plan*. E para montar o *business plan*, precisávamos da contabilidade recuperada e atualizada no ano em curso.

No dia 30 de abril, uma quarta-feira, Edson Ricci, diretor financeiro, entrou na minha sala com uma feição claramente alterada. Veio me comunicar que nosso caixa provavelmente não seria suficiente para cumprir os pagamentos da segunda-feira seguinte. A quinta-feira era feriado, e no sábado eu iria para Porto Alegre inaugurar nossa primeira filial na cidade.

Desde o início da minha carreira, jamais deixei de honrar um pagamento. Atrasar pagamentos em momento de crise seria um sinal muito perigoso ao mercado, especialmente depois de uma tomada de dívida tão grande e um IPO frustrado. Felizmente, houve tempo para obter, ainda na quarta-feira, um empréstimo de curtíssimo prazo, e com isso pude aliviar meu estresse.

Em seguida, convoquei todo o time da área de finanças à sala de reunião e combinei que os demonstrativos até o final do primeiro trimestre de 2008 precisavam estar atualizados até o domingo à noite, nem um dia a mais. Acompanhei o processo de ponta a ponta, só saindo para minha inauguração de sábado em Porto Alegre.

Na tarde de domingo, com muita dedicação de todos, tínhamos os demonstrativos finalizados. Na segunda-feira, Eugênio começou a preparar o material de apresentação para futuros *roadshows* com fundos de *private equity*. Ao mesmo tempo, para alívio nosso, todos os pagamentos previstos para a segunda foram honrados, sem a necessidade do empréstimo-ponte solicitado. A partir de então, o controle do caixa passou a ser obsessivo, com revisões dia a dia das previsões semanais.

Mas o pior ainda estava por vir. No dia 9 de maio, sexta-feira à tarde, fomos informados de que a segunda parcela dos juros da dívida contraída no ano anterior não teria o vencimento adiado conforme previsto. Sem caixa para suportar esse pagamento, reuni a família em minha casa no domingo, Dia das Mães, para juntarmos nossas poupanças a fim de efetuarmos o pagamento da parcela que venceria na segunda. Ninguém se recusou a contribuir. Por me sentir o principal responsável pela difícil situação com a qual nos deparávamos, abri mão de todos os meus recursos, ficando a depender das poupanças de meus filhos. Mesmo com todas as dificuldades que tivemos de superar nesse dia, a família permaneceu mais unida do que nunca.

Uma semana depois, entrou parte do empréstimo do BNDES, aliviando um pouco a situação. Voltamos a respirar. Mas continuávamos a correr contra o tempo, com uma dívida equivalente a cinco gerações anuais de caixa e um cenário externo que só se agravava, por conta da crise do *subprime*.

No mês seguinte, iniciamos as rodadas de negociações com os fundos de investimentos. Seis fundos foram convidados para o processo competitivo, entre eles a Pragma. Encerradas as conversas com os fundos, com apresentações bastante detalhadas sobre nosso momento e nossa visão futura, começaram a vir as propostas. O aporte solicitado era de R$ 130 milhões. Para esse valor, cada um deles colocaria suas ofertas, definindo o percentual da empresa que teriam em troca. A melhor proposta foi exatamente a da Pragma, que se associou ao Fundo Gávea de Investimentos, ficando com 30% da empresa. Ou seja, a melhor proposta veio de quem eu mais queria como sócio.

Estou certo de que, mesmo que a proposta da Pragma não tivesse sido a melhor financeiramente, a escolha não teria sido outra. Quando se traz um sócio, mais importante que os valores da transação é o alinhamento da visão estratégica futura. O discurso dos representantes da Pragma durante nossa negociação era totalmente alinhado com a visão de negócios avançada praticada por seus investidores que permaneciam à frente da Natura. O futuro mostraria o quanto nossa visão estava correta.

Como último pleito da negociação, os fundos solicitaram a inserção do rótulo de *key man* sobre mim, com a exigência de um seguro de US$ 50 milhões a favor deles em caso de meu falecimento. Com isso, minha autoestima estava definitivamente resgatada, e eu, mais do que motivado para o comando de uma nova fase da empresa.

Na quinta-feira, 25 de setembro, após dois meses de *due diligence*, nos reunimos para as assinaturas do contrato. Só depois de todas elas concluídas teríamos as assinaturas dos titulares dos fundos, o que estava previsto para a segunda-feira seguinte. Sem isso, a negociação não estaria concluída.

Na segunda-feira, passei o dia tenso, aguardando a confirmação das assinaturas que faltavam. No final da tarde, recebi a ligação esperada. Do outro lado da linha estava Piero Minardi, representante do Fundo Gávea nas negociações. Atendi de certa forma aliviado e, como de costume, perguntei: "Tudo bem?". A resposta foi: "Tudo bem o c... o mercado está pegando fogo".

Por segundos, tremi dos pés à cabeça. A crise do *subprime* só aumentava, após a quebra do Lehman Brothers, ocorrida dias antes.

Havia passado o dia todo imaginando as consequências de uma reviravolta no negócio. Mas, para meu alívio, Piero informou em seguida que os contratos já estavam assinados. Mais tarde Piero me confessou que passara a noite inteira com os acionistas do Gávea lutando pela manutenção do negócio. Outros dois contratos que estavam à mesa não foram assinados.

Embora a entrada dos fundos tenha sido a nossa salvação naquele momento, nossa situação financeira havia mudado do nível crítico para um nível ainda preocupante. A dívida líquida foi reduzida aproximadamente de cinco para três gerações de caixa anuais, e ainda com prazos de pagamento curtos.

No último trimestre do ano, montamos nosso Conselho de Administração, com Eduardo Guardia representando a Pragma, Piero Minardi representando o Gávea e Maurizio Mauro como conselheiro independente. Além deles, eu e meus irmãos, totalizando seis integrantes. Definimos uma agenda de reuniões completa para 2009, prevendo a existência de três comitês: Estratégias, Finanças e Pessoas. Apesar do tempo curto para a montagem, esse Conselho foi um passo muito importante para a família, aprendendo a estabelecer o escopo de atuação de modo a não conflitar com a Executiva. Fui escolhido para liderar o Conselho, assumindo assim os dois papéis: presidente do Conselho e da Executiva. Nada fácil separar esses papéis. Eu me posicionava muito mais como executivo do que como conselheiro; minhas posições iniciais eram extremamente defensivas. Demorei para adquirir humildade e desenvolver a capacidade de escuta. De fato, eu era um profundo conhecedor do negócio e, por conta disso, era sempre refratário a críticas. Com o tempo, fui aprendendo que as sugestões e os questionamentos que vêm daqueles que não são próximos do negócio são os que me ensinam a olhar o negócio sob um ângulo diferente, trazendo as melhores contribuições. Um exemplo foi a colocação de lente financeira maior na análise de projetos. Na expansão de lojas, nosso principal motor de criação de valor, passamos a considerar cada possível abertura de uma unidade como um projeto; uma vez alocadas as variáveis de negócio previstas, a taxa interna de retorno deveria atingir determinado patamar, não deixando, todavia, de levar em conta variações em virtude de movimentos estratégicos, por exemplo, a entrada em um mercado novo. Ainda em dezembro, apresentamos nosso orçamento para 2009.

Propusemos um crescimento de vendas real, acima da inflação prevista, e a abertura de sessenta novas lojas. Para um grupo de conselheiros oriundos do mercado financeiro como era o nosso, o orçamento foi visto com total insegurança, uma vez que o mercado financeiro em geral raciocina muito com as variáveis macroeconômicas. Eram tempos difíceis; a crise ainda pairava no ar, com reflexos significativos nas empresas.

Sempre olhei sob outro ângulo. Nosso mercado sempre se mostrou muito resiliente nas crises. Juros altos tendem a deslocar os gastos das pessoas dos bens duráveis para bens de consumo; também dificultam a vida das redes menores ou de farmácias independentes, que necessitam muito de crédito de atacadistas para manter o giro de estoque. Ao final, tivemos um ano ótimo, cumprimos o orçamento e abrimos as novas lojas com uma precisão que superou todas as expectativas. Voltamos a gerar liquidez, embora o pagamento de juros ainda sangrasse bastante o caixa.

Precisávamos também alongar nossa dívida o quanto antes, mas os bancos haviam fechado as portas, por conta da crise, para quaisquer modalidades de empréstimos. Foi quando o governo liberou crédito por meio dos bancos públicos, o que nos permitiu alongar parte da nossa dívida com o Banco do Brasil. Porém, boa parte dela ainda permanecia no curto prazo, com o banco Itaú, e, para renová-la, precisávamos manter nossa dívida líquida num patamar abaixo de 2,75 vezes nossa geração anual de caixa.

Difícil resolver essa equação. De um lado, tínhamos de segurar o caixa para manter o patamar de dívida e com isso manter nossas operações de empréstimos. De outro, precisávamos de caixa para expandir. Sem a demonstração de uma expansão vigorosa, nossas chances de abertura de capital seriam pequenas.

Para obter esse equilíbrio, a única fórmula que restava era sacrificar a operação. Foi o que fizemos. De forma cirúrgica, aumentamos gradativamente os preços em produtos com demanda menos elástica; reduzimos nossos estoques, eliminamos aos poucos a compra de produtos de giro menor; reduzimos fortemente o pessoal em loja, o que retardava o atendimento, gerando reclamações e perdas de clientes; paralisamos o processo de manutenção de lojas.

Foram momentos muito difíceis, do estilo "segurar as rédeas de um cavalo com os dentes".

> **Com o cenário externo totalmente fechado para uma abertura de capital, eu continuava a viver momentos tensos com relação à manutenção do controle da empresa, com um olho no caixa e outro na expansão.**

Além disso, comparecia em campo para validar todos os pontos comerciais para abertura de novas lojas. Confortava-me, todavia, o fato de ter sócios que jamais interferiam na gestão. Sempre me incentivavam, demonstravam de forma verdadeira um espírito de parceria com um olhar de longo prazo.

Essa situação perdurou até 2010, ocasionando inevitável queda nas vendas e perda de *share*, uma política que, aos poucos, se tornava insustentável sem um novo aporte de capital. Na metade de 2010, com as janelas para IPO quase fechadas, Piero fez uma provocação de tentarmos a abertura de capital. Confesso que encarei a ideia com certo ceticismo. Todavia, Eugênio abraçou-a e começou a trabalhar nela.

Quando voltei de férias, percebi que a ideia havia avançado. Toda a documentação necessária estava em curso. Iniciamos a fase de montagem do *business plan*. Embora nossos resultados não caminhassem de forma entusiasmante, por conta dos cortes, nossa expansão ganhava cada vez mais tração, com mais velocidade e taxas de retorno cada vez maiores. Nesse contexto, dei sinal verde para avançarmos, desde que apresentássemos um *business plan* conservador nos números, mas com tintas fortes na qualidade do *management* e no conjunto de plataformas criadas para apoiar uma expansão orgânica robusta.

Passamos uma década com resultados pouco entusiasmantes. Mas, a partir de um *management* qualificado, construímos um conjunto de plataformas avançadas para levar a empresa ao topo em uma possível injeção de liquidez. Automatizamos nosso principal centro de distribuição, atualizamos nossa plataforma tecnológica para SAP, desenvolvemos uma plataforma de *Business Intelligence* (BI) para gestão de categorias, e uma plataforma inovadora de expansão, que combinava dados de mercado com dados de transações, indicando com muita precisão onde os espaços poderiam ser ocupados. Só faltavam os recursos financeiros.

No final de novembro, após testar a receptividade de alguns investidores, sentimos que as chances de sucesso eram boas. Juntos, eu e Eugênio, comandando as apresentações; Leonardo Corrêa, diretor de planejamento financeiro, dando suporte; Plínio Musetti, representando a Pragma, e Piero Minardi, representando o Gávea, iniciamos o *roadshow*, em dezembro de 2010, para tentar a sonhada abertura de capital.

A presença dos nossos sócios do fundo foi vital na largada do processo, quando negociamos nosso *target* de valor a ser apresentado aos investidores junto aos bancos que nos assessoravam. Enquanto os bancos coordenadores da oferta propunham um *target* de R$ 17 a R$ 21 por ação, nossos sócios bateram duro em R$ 19 a R$ 24, o que acabou sendo a precificação definitiva. Mas a grande surpresa aconteceu na definição do quanto nós, família e fundos, estávamos dispostos a realizar das ações. Ao contrário da maioria dos IPOs, em que os fundos querem realizar ao máximo seu investimento, no nosso aconteceu o contrário.

Por mais que a Pragma, representando os sócios da Natura, olhasse a empresa no longo prazo, imaginamos que a sua intenção era realizar uma parte das ações. Todavia, a decisão foi oposta: não venderiam um centavo. Assim, tivemos que nos ajustar para que cada um vendesse um pouco mais de ações do que pretendia para não termos um *gap* muito grande entre o valor da oferta e o valor das necessidades de caixa para realizar o *business plan* que apresentaríamos aos investidores. Ajustadas essas últimas arestas, estávamos prontos para pegar a longa estrada.

> **Fazer um *roadshow* para abertura de capital foi o momento mais marcante de toda a minha carreira.**

Enquanto levava a empresa para o mundo, visitando investidores dos mais diferentes perfis e nacionalidades, eu pensava na trajetória que vivi para chegar àquele momento.

Começamos por São Paulo e Rio de Janeiro. Bom para reduzir tensões, comandando apresentações que claramente atraíam interesse dos investidores, às vezes em almoços e outras em visitas isoladas. No final do terceiro dia, embarcamos para a Europa, começando por Londres. Logo na chegada, já recebemos a notícia de algumas propostas de compras, todas pelo valor mínimo da oferta, de R$ 19 por ação. Após as primeiras visitas, fomos jantar. Durante o jantar, recebi o telefonema de um grande banco colocando uma proposta de R$ 215 milhões, que equivalia a um terço da oferta total de R$ 655 milhões. Naquele momento, já tínhamos um total de propostas que praticamente cobria a oferta inteira, embora ainda pelo valor mínimo. Relaxei, afinal mal tínhamos iniciado nosso *roadshow* e já tínhamos praticamente certo que nossa oferta teria compradores em sua totalidade. Daí para a frente, descontração total. Nossas visitas eram feitas sempre com muita confiança em torno do que apresentávamos. Eu abria a apresentação, Eugênio tomava a frente com muito humor e competência, e eu fazia apenas um ou dois apartes durante a apresentação. A cada visita encerrada, entrávamos no carro rumo à próxima, e quase sempre tínhamos novas notícias de compradores, agora avançando para o topo do *range* da oferta. Passamos por Frankfurt e Paris e, quando encerramos essa fase, já começavam a surgir propostas pelo valor máximo, R$ 24. As propostas já ultrapassavam mais que o dobro da demanda. O entusiasmo era tanto que quase perdemos o horário do voo para Nova York, em conversas sempre muito animadas. Em Nova York, bem como nas outras cidades dos Estados Unidos visitadas – Boston, Denver, Los Angeles –, o ritmo de visitas beirava a loucura; saíamos dos hotéis às sete da manhã e finalizávamos as visitas às sete da noite. Em média, oito visitas por dia. Os encontros tiveram um sucesso retumbante. Eram muito comuns telefonemas de investidores pedindo para que não reduzíssemos o valor de suas intenções de compra colocadas no *book* de compradores. A cada visita encerrada, entrávamos no carro que nos levaria para a seguinte. Quase sempre recebíamos notícias de mais propostas, naquele momento, todas pelo topo da oferta, R$ 24.

Com toda a descontração por conta de um sucesso já consolidado, Eugênio não perdia a chance de dar seu toque de humor. Não me esqueço de um investidor que dizia que não compraria nossa ação, uma vez que, na sua opinião, o negócio não tinha nenhuma barreira de entrada, ou seja, qualquer um poderia criar uma rede de farmácias e sair vendendo. Eugênio contra-argumentou: "No Brasil temos um programa chamado *Domingão do Faustão*. Por algumas vezes, assisti a um homem que manejava algumas pequenas piras de fogo pelos ares e apagava na boca. Para ele, é muito fácil, mas experimente você fazer". Também não esqueço, em uma visita em Nova York, logo após o almoço, quando peguei no sono durante a apresentação.

Nós nos encontramos com cerca de 120 investidores no total. Ao final, as propostas de compra totalizaram oito vezes a oferta total pelo topo do intervalo (R$ 24) e mais duas por valores dentro do intervalo definido. No dia 17 de dezembro, finalizamos as visitas e rateamos nossa oferta de modo a atender a quase totalidade dos investidores com propostas.

No dia 20 de dezembro de 2010, ao lado dos meus irmãos e do grupo que participara do *roadshow,* eu estava na Bolsa de Valores de São Paulo, fazendo meu discurso e apertando a campainha que marcava nossa entrada no grupo de empresas listadas na Bolsa. Um momento indescritível e emocionante, especialmente por todas as dificuldades pelas quais passáramos ao longo dos anos anteriores, e, certamente, um marco inesquecível na minha trajetória empresarial.

Acionando a campainha para entrada na Bolsa de Valores (2010)

Com Claudio Ely no início do processo de fusão (2012)

A FUSÃO

Superado o IPO, após um final de ano com muitas comemorações, meu pensamento não era outro senão a busca da liderança. Um desafio entusiasmante para quem saía de uma dívida de centenas de milhões para um caixa de centenas de milhões. Uma avenida escancarada para recolocar na rota a empresa, cuja operação havia sido tão enfraquecida pela gestão do endividamento dos três anos anteriores.

Mas eis que, num belo dia, três meses após a abertura de capital, vem à mesa uma provocação de fusão com a Drogasil. Uma conversa por nós autorizada entre Armínio Fraga, sócio principal do Fundo Gávea, que ainda detinha uma posição de ações na Raia, e Carlos Pires acendeu uma luz verde.

Vínhamos de uma construção tijolo sobre tijolo, em que a eficácia de um crescimento orgânico combinada com o receio de um choque de culturas sempre nos mantiveram com um pé atrás com relação a qualquer movimento mais agressivo de fusão ou aquisição. Porém, a parte racional era clara. As duas empresas tinham tamanhos muito parecidos, valores semelhantes e uma complementariedade geográfica importante. Embora ambas ocupassem o estado de São Paulo, fora dele as redes eram complementares. A Drogasil, com 369 lojas, ocupava o Centro-Oeste, o Espírito Santo e o interior de Minas Gerais; e a Raia, com 407 lojas, ocupava o Sul, o Rio de Janeiro e Belo Horizonte. Além disso, tudo indicava que havia uma ótima sinergia entre os dois *managements*; a Drogasil com executivos muito experientes gerindo a empresa com alta eficiência operacional, e a Droga Raia com um grupo jovem de alta competência estratégica para continuar a construir um futuro com muita inovação.

Por mais evidente que a realidade se mostrasse, foi pessoalmente desafiador encará-la. Como seria interromper um sonho de liderar uma empresa com altíssimo potencial de ser a grande consolidadora do mercado? Como seria meu futuro afastado da empresa que representava parte da minha vida, centro de todas as minhas realizações profissionais? Momentos difíceis em que os interesses coletivos têm de estar acima dos interesses individuais.

No final de abril, iniciamos uma aproximação: eu representando a Droga Raia, e Claudio Ely representando a Drogasil. Claudio Ely, além de ser um brilhante CEO, responsável por recolocar a Drogasil na liderança do mercado no final de 2010, tinha uma confiança muito grande, juntamente com os sócios controladores da Drogasil, Carlos Pires e Paulo Galvão, recebendo, por conta disso, carta branca para tocar todo o processo de negociação.

Por mais que sempre houvéssemos tido um ótimo relacionamento, foi estranho começar uma conversa "tirando o chapéu de concorrente e colocando o de possível sócio". Foram três meses de discussões, nas quais sempre prevaleceu um nível elevado de confiança entre as partes, o que permitiu que acordássemos um processo de *due diligence* bastante rápido.

A premissa das negociações era que a fusão teria controle rigorosamente igual, com cada uma das partes detendo 50% do grupo de controle a ser formado. Do lado da Drogasil, as famílias de Carlos Pires e de Paulo Galvão; e do lado Raia, a família Pipponzi, em associação com a Pragma.

O acordo a ser assinado manteria livre de qualquer empenho 40% do valor de mercado da nova empresa nos primeiros cinco anos e 30% nos cinco anos seguintes. Dessa forma, nós, sócios, ficamos impedidos de vender a quase totalidade das nossas ações por um período total de dez anos, sinalizando assim ao mercado nossa intenção de buscar um longo horizonte de criação de valor para a nova empresa.

Tentamos manter o sigilo das negociações. Mas, no início de agosto, movimentos atípicos de elevações dos valores de ambas as ações resultaram em um questionamento da Comissão de Valores Mobiliários (CVM), o que nos obrigou a redigir um comunicado de intenção de fusão das companhias. A partir daí o processo se acelerou, até o dia 11 de novembro de 2011, data em que a fusão se concretizou. Claudio Ely assumiu a liderança executiva da nova empresa como CEO, e eu assumi a liderança do Conselho de Administração como *chairman*. Para uma empresa que vislumbrava ser a número um do setor, nada como esta data para início de seu ciclo: 11/11/11. Nascia a Raia Drogasil; para simplificação interna, chamada de RD.

O primeiro ano do processo de integração foi marcado como um dos anos mais difíceis da minha vida profissional.

> **Ficava cada vez mais claro que, por trás da nossa complementariedade e da nossa identidade de valores, havia uma diferença na forma como fazíamos as coisas, consequentemente, uma grande diferença de culturas.**

A Drogasil, uma empresa muito querida na Bolsa pelos resultados que sempre entregava, era comandada por executivos de carreira. Suas estratégias tinham foco concentrado no curto prazo, com uma estrutura enxuta para obtenção dos melhores resultados. O investimento nas lideranças e nas plataformas praticamente não existia, e a expansão procurava os nichos de menor competitividade. A Raia, que sempre fora gerida pela família, mantinha sempre o foco na construção de longo prazo. Vinha de alguns *gaps* na operação, por conta de todos os cortes para enfrentamento das crises financeiras nos anos anteriores. Tinha um quadro de executivos mais caro, plataformas de negócios mais avançadas e continuava a focar esforços na entrada em mercados mais competitivos.

Com essa diferença de visões, muitas das escolhas durante o processo de integração se tornaram complexas. Para piorar, erramos na passagem de um *briefing* mais acordado para a empresa de consultoria que nos apoiou. A estrutura organizacional proposta e aceita era uma estrutura de minimização de custo, sem considerar um horizonte de geração de valor futuro. As ações propostas não eram alinhadas com a visão de longo prazo que permeara todo o processo de negociação da fusão.

Exemplos disso foram desprezar as diferenças de cultura entre as duas empresas propondo um único diretor de Operações para as duas bandeiras; ou minimizar o custo da estrutura, colocando áreas de retaguarda dentro da área de Operações; ou, ainda, insistir em fazer aquisições de lojas mesmo tendo uma máquina de expansão orgânica com capacidade de ser mais veloz, mais certeira, abrindo filiais com um custo muito mais baixo. Na presidência do Conselho, eu sofria ao ver que nos distanciávamos cada vez mais de uma construção de longo prazo. Ainda, por outro lado, a pressão do mercado para agilizar sinergias e entregar resultados trimestrais era enorme.

Com toda a complexidade inerente a uma fusão, a atuação de Ely à frente da transição teve muitos méritos. Ele focou esforços na unificação fiscal das duas empresas. Assim como indivíduos têm um único CPF, a empresa deveria ter um único CNPJ. Sem isso, seríamos apenas duas empresas dentro de um guarda-chuva, o que dificultaria muito a realização das sinergias previstas, além de estimular a competitividade interna, por conta das duplicidades de processos.

Foi um trabalho incansável e ousado, considerando os riscos de perder licenças de operações em um ambiente de muita regulação. Ricardo Azevedo, CFO à época, comandou o processo com bastante determinação. Esse trabalho, sempre retardado na quase totalidade dos movimentos de fusões e aquisições, foi, na minha visão, um ponto decisivo para nos descolarmos da DPSP, empresa resultante da fusão da Drogaria São Paulo e Drogaria Pacheco, que, por absoluta coincidência, anunciaram sua fusão no mesmo mês em que anunciamos e com um faturamento praticamente idêntico ao nosso. Ely também deixou outro legado importantíssimo que foi a unificação das sedes, levando todos para o escritório moderno, reformado, em um espaço de 40 mil metros quadrados, onde funcionava a sede da Drogasil.

Se de um lado a unificação das sedes aproximava as tensões e inseguranças de boa parte dos funcionários, por outro permitiu acelerar as escolhas, uma vez que as comparações ficavam mais visíveis. Em meio a todo esse processo, restava um grande desafio. Como alinhar a visão do grupo controlador com relação ao futuro da empresa? As empresas tinham alcançado sucesso por caminhos diferentes. Fomos sábios em entender que o casamento era para sempre e que a equidade de poder entre os sócios controladores nos obrigava a construir soluções conjuntas. Essa equidade de poder foi crucial para alinhar os passos a partir de discussões mais pacientes e conscientes.

> **Mesmo com visões diferentes naquele momento, e com toda a pressão que eu colocava com relação às minhas crenças, Carlos Pires e Paulo Galvão foram muito sábios, sempre me transmitindo tranquilidade sem abrir mão de suas opiniões.**

De forma serena, superamos juntos nossos obstáculos e nossas diferenças. Não teríamos a empresa atual se não fosse pelo equilíbrio que tivemos nesse período. Essas discussões fortaleceram a intimidade do grupo, formando uma relação de parceria e cumplicidade que se estende até os dias de hoje sem que nunca precisássemos recorrer a qualquer votação.

Em dezembro de 2012, Claudio Ely, entendendo que sua missão estava cumprida, manifestou o desejo de desligar-se da empresa. Pouco antes da sua saída, alinhamos a separação das vice-presidências de Operações por bandeiras, atendendo assim ao meu principal pleito de mudanças na estrutura organizacional. Já estávamos em dezembro, e Rosângela Lutti, nossa vice-presidente de Recursos Humanos, buscava candidatos no mercado, sem sucesso. Tínhamos até então Antonio Carlos de Freitas, um exímio operador de lojas, operando as duas bandeiras. Freitas havia sido um dos principais responsáveis pelo *turnaround* da Drogasil entre 1998 e 2010, que a reconduzira a uma posição de liderança. Todavia, com o acúmulo das duas bandeiras na sua gestão, a diferença de performance entre lojas das duas bandeiras só aumentava. Era nítido que pagávamos um preço alto por uma escolha errada na definição da estrutura organizacional. Na véspera de Natal, Rosângela me ligou entusiasmada para uma entrevista com Renato Raduan, executivo que acabara de deixar o Walmart. Ciente da minha grande responsabilidade por ter sido o grande fiador da mudança, só encerrei a entrevista e dei minha aprovação quando Raduan expressou de forma definitiva sua opção pela carreira de varejo, o que já havia orientado outras decisões passadas. Politécnico como eu e com MBA no Insead, bastaria um ano para que Raduan igualasse as performances das duas bandeiras.

Quando 2013 se iniciou, começamos a busca pelo novo CEO.

> **Após várias rodadas de entrevistas com candidatos, escolhemos Marcílio, um profissional de muito sucesso, com forte perfil executivo, fundamental para liderar um grupo de vice-presidentes com caraterísticas mais voltadas para o lado estratégico.**

Marcílio vinha de uma carreira brilhante, iniciada no Walmart. Em seguida, teve experiências de muito sucesso tanto na criação do site de vendas Submarino quanto empreendendo na Office Net, uma empresa de vendas de materiais para escritórios. Naquele momento, comandava a Livraria Saraiva, com resultados extraordinários.

Quando Marcílio começou, em julho de 2013, meu papel mudou. A fase de transição estava encerrada, e dali em diante minha atividade deveria ser exclusivamente a de *chairman*. Se nessas situações a posição de um ex-CEO que se torna *chairman* tende a ser invasiva no início, nesse momento as coisas aconteceram de forma contrária. Após uma fase inevitavelmente conturbada de início da fusão, eu sentia a necessidade de mostrar a meus sócios que Marcílio teria toda a liberdade para comandar a Executiva da empresa sem interferências. Procurei dar o maior espaço possível e focar a construção de uma governança que pudesse apoiá-lo, contribuindo para fazer diferença no negócio, com uma divisão muito clara de papéis entre CEO e *chairman*. Só comparecia à empresa para participar das reuniões ou ter uma conversa todas as terças, ou quando solicitado por Marcílio, para facilitar sua integração ao negócio e à cultura da companhia.

O primeiro grande desafio de Marcílio foi eliminar os focos de resistência ainda existentes com relação à fusão. Para isso ser possível, ele entendeu ser necessário substituir dois altos executivos, ambos com importantes legados, em cada uma das empresas. Foram decisões muito difíceis, mas ao mesmo tempo importantes, na visão dele, para a unificação definitiva da organização.

Simultaneamente, procurou acelerar a unificação dos sistemas de tecnologia das duas companhias. Chamou Fernando Varela, vice-presidente da área, e negociou um prazo tremendamente agressivo de entrega do processo. Varela, que desde o início da fusão comandara o escritório de transição com muito sucesso, cumpriu o prazo, e assim, em fevereiro de 2014, a empresa tinha uma única sede, uma única identidade fiscal e uma única plataforma tecnológica. Assim, com o quadro completo da alta liderança, era a hora de nos sentarmos para discutir a estratégia e a cultura da nova organização.

Um grupo formado por altos executivos e conselheiros fez uma profunda imersão no propósito e nos valores que permeavam cada uma das culturas. A diferença principal entre elas, que ficou evidente durante a transição, era a perspectiva de tempo: a visão de mais curto prazo da Drogasil tinha como consequência uma obsessão maior por resultados, o que na prática trazia maior eficiência operacional. Por outro lado, o olhar de longo prazo da Raia trazia um olhar estratégico mais profundo e uma consequente inquietude na busca de novas soluções. Por conta disso, EFICIÊNCIA e INOVAÇÃO se tornaram dois valores consagrados pelo grupo. Era a combinação de duas fortalezas que as companhias traziam.

Ao mesmo tempo, alinhado com todos os princípios que nortearam a fusão, e traduzido por um *lock up* de dez anos nas ações do grupo controlador, a VISÃO DE LONGO PRAZO deveria estar presente em todas as decisões do negócio e ser outro valor a ser incorporado.

Ética sempre foi inegociável nas duas empresas. Ética é um grande diferencial que se reflete na determinação de procurar o que for melhor para os nossos clientes, independentemente do resultado que qualquer transação possa propiciar. Agir de forma ética transpõe a fronteira da legalidade. Assim, mantivemos a ÉTICA no conjunto dos nossos valores principais.

Fechamos a composição dos valores com CONFIANÇA, algo muito poderoso. Um grupo nunca será um time se a confiança não estiver presente. Confiança pressupõe transparência. Conquista-se no exercício do dia a dia, mas se perde muitas vezes por conta de uma única atitude. Ao longo da minha vida profissional, incorporei a confiança como um valor, partindo do pressuposto de que todas as pessoas são confiáveis até que provem o contrário. Isso inspirou minha liderança, e hoje acredito que os mais de 99% daqueles que liderei cresceram com a confiança que sempre demonstrei; os que não corresponderam a essa confiança ficaram pelo caminho, não fizeram diferença alguma na minha vida.

Permeando esses cinco valores, veio o propósito, que expandia o CUIDAR herdado pelos antepassados, ampliando a rede cada vez mais para poder exercê-lo próximo às pessoas.

> **"Cuidar de perto da saúde e do bem-estar das pessoas em todos os momentos da vida."**

Estávamos assim expressando em uma frase e mais cinco palavras o que seria conectar-se à cultura da nova empresa.

Ao mesmo tempo, reunimos Conselho e Executiva para discutir a visão estratégica da companhia para os anos seguintes. Muito se debateu se essa etapa não deveria ter vindo logo no primeiro momento da fusão. Mas seria impossível discutir antes que o grupo de executivos do alto escalão estivesse consolidado. Além disso, a estratégia-mãe era a expansão de lojas, que manteve seu ritmo veloz desde a primeira semana após a fusão. Assim, pudemos respirar um pouco antes de alinhar a estratégia da organização para os anos que viriam.

Com apoio de uma consultoria, no final de 2014, Conselho e Executiva se reuniram para debater e construir a visão estratégica da nova empresa. Foram seis meses de discussões que envolveram modelos de lojas, mix de produtos, relacionamento com clientes, novas vertentes do negócio, entre outras. Mas a expansão da rede era a estratégia principal, o foco principal das discussões.

A nossa fusão provocara uma corrida da concorrência pela ocupação de novos espaços. Naquele momento, nossa empresa já acelerava cada vez mais o ritmo de expansão: acabara de abrir a milésima filial, fortalecendo seus mercados existentes e começando a entrar com muito sucesso pelo Nordeste, partindo da Bahia, passando por Sergipe e Alagoas e iniciando a expansão em Recife. A DPSP, resultante da fusão da Drogaria São Paulo com a Drogaria Pacheco, crescia a uma velocidade menor, tentando uma ocupação com menor densidade, distribuída por vários estados simultaneamente. A rede Pague Menos mantinha um crescimento acelerado, ocupava todo o país havia algum tempo, mas com penetração baixa nos estados do Sul e do Sudeste. A atratividade do negócio que os processos de fusão haviam demonstrado fez com que redes regionais menores também acelerassem movimentos de expansão.

Além disso, houve novos participantes na corrida pela consolidação do mercado. A rede americana CVS, a maior rede de farmácias do mundo, entrara na disputa a partir da aquisição da Drogaria Onofre. O banco BTG, também atento a esse movimento, criara a BR Farma, por meio de sucessivas aquisições de redes médias. O Grupo Ultra adquirira a Extrafarma, rede de farmácias que ocupava o Norte e o Nordeste, e começava incursões para o Sudeste. Era uma verdadeira corrida do ouro em busca dos melhores pontos comerciais.

Internamente, uma das principais discussões girava em torno das bandeiras. O que faríamos com duas bandeiras? Deveríamos restringi-las a uma só? Ou avançar com duas ocupando o país todo? Análises trazidas pelos nossos consultores mostravam que quanto maior a presença de uma marca numa cidade, maiores seriam as margens, o que permitiria agregar cada vez mais serviços aos clientes.

Assim, abandonamos a ideia de ocupar novos estados com duas marcas, e mantivemos as marcas dominantes em estados em que cada uma estava presente antes da fusão, deixando o estado de São Paulo com duas bandeiras, uma vez que as marcas haviam sido construídas décadas antes e as pesquisas mostravam que consumidores tinham preferências claras por uma ou por outra. Mais tarde revisitaríamos essa decisão.

O Sul do país continuaria a ser Raia, assim como Rio de Janeiro e Belo Horizonte, enquanto Centro-Oeste, Espírito Santo e interior de Minas Gerais seguiriam como Drogasil. Definimos também que a ocupação do restante do país, Nordeste e Norte, continuaria a ser feita apenas com a bandeira Drogasil, a marca mais antiga e universal. Em algumas capitais onde experimentávamos trabalhar com uma segunda bandeira, desfizemo-nos da ideia e convertemos para a bandeira dominante. Estávamos prontos para acelerar ainda mais a jornada, prevendo até 2020 a ocupação de todos os estados do país.

> **Quando finalizamos o projeto da Visão Estratégica, entendi que a transição pós-fusão estava concluída. Foram cinco etapas principais: Sede, Unidade Fiscal e Tecnologia no primeiro momento, e Estratégia e Cultura no segundo.**

Minha vida ganhou um ritmo mais tranquilo. Sentia cada vez mais que éramos de fato uma única empresa. Conselheiros e executivos interagiam muito mais, algo que sempre estimulei ao longo de toda a minha passagem como líder do Conselho. Minha relação com os sócios – Carlos Pires, Paulo Galvão e Renato Pires, filho de Carlos Pires e também membro do Conselho –, fluía com intimidade, quebrando gradativamente um relacionamento cauteloso e cerimonioso próprio dos momentos iniciais. O espaço estava aberto para continuar nossa jornada.

A EXPANSÃO

Na semana seguinte ao anúncio da fusão, eu já estava em uma poltrona de avião com um gerente de expansão de cada empresa dando continuidade ao plano estratégico traçado por cada uma delas.

A expansão sempre foi o capítulo mais importante da minha trajetória profissional e a grande paixão norteadora da minha vida empresarial. Durante todo o tempo que estive na Raia, sempre participei incansavelmente de todo o processo – da primeira visita ao local até a cerimônia de inauguração da loja. Após a fusão, assumi a liderança estratégica de expansão desde os primeiros dias.

O momento inicial não contemplava a entrada em novos mercados por parte de nenhuma das nossas redes. Assim, pude me dedicar a desenvolver os gerentes de expansão para uma maior eficácia no campo, preenchendo nichos em mercados já ocupados.

Mas à medida que o processo de consolidação ficava mais acirrado, a entrada em novos estados se tornava cada vez mais importante. A maioria das empresas varejistas de sucesso tem presença forte no seu estado de origem e em alguns outros nas proximidades. Ser uma rede nacional significa não apenas abrir lojas em todos os estados. É preciso também uma estratégia sustentável, com uma ocupação planejada e uma oferta de valor alinhada com a expectativa do cliente local. Considero ocupar um mercado, seja cidade ou estado, quando atingimos relevância de *share* e resultados alinhados com a rede.

Partindo dessas premissas, nossa ocupação se deu estado a estado, adensando inicialmente o núcleo central das capitais a fim de fortalecer a percepção da marca, para em seguida ocupar as regiões mais afastadas. Ao definirmos a visão estratégica da empresa em 2013, entendemos que nossa expansão recém-chegada a Pernambuco deveria continuar crescendo pela costa, preenchendo todo o Nordeste e em seguida o Norte do país. Ao mesmo tempo, continuaríamos a adensar os mercados ocupados expandindo-nos dos centros para as periferias e das cidades maiores para as menores.

Mas, por melhor que seja a estratégia de expansão, e por melhor que seja a oferta de valor, o sucesso só acontece quando a escolha do ponto é bem-feita. E para que isso aconteça, é preciso desenvolver todo um processo, que vai desde a definição da estratégia de expansão até a inauguração da loja.

Sempre trabalhamos nossa expansão como um processo separado da operação de lojas, o que fez com que criássemos uma área de expansão robusta, com pessoas exclusivamente dedicadas em cada etapa do andamento. O processo é mandatório. Em cada um dos passos para abertura de uma loja, existe um responsável pela execução, tudo coordenado por um líder.

Antes de implantar essa filosofia de gestão por processos, recordo-me de algumas vezes, no tempo de Droga Raia, em que eu me deslocava trezentos ou quatrocentos quilômetros para inaugurar uma loja e, quando lá chegava, ou por conta de uma licença, ou por conta de um acabamento, ou por conta da implantação dos terminais de atendimento, a loja não podia ser aberta. Para frustração de todos, cumpríamos nossos rituais de portas fechadas, e a inauguração ficava para a semana seguinte.

Outro ponto fundamental, e talvez o grande diferencial de sucesso, foi a composição de um núcleo de inteligência de expansão. Foi a criação desse núcleo que marcou a entrada de meu filho Bruno na Raia, em 2008. Bruno havia cursado Odontologia na USP e, assim como eu, frustrara-se após se formar. Depois de passar um período na Odontoprev, acabou por fazer pós-graduação na FGV. Um belo dia, no início de 2008, ele me mostrou uma ferramenta recém-surgida no mercado, o Google Earth. Passei o endereço das filiais que tínhamos à época, e ele inseriu na ferramenta todas as lojas mapeadas. Minha primeira reação foi de alegria, por poder abandonar aqueles mapas em que espetava agulhinhas para marcação das filiais.

A partir daí, não parou mais. Começou um processo de desenvolvimento de metodologias que combinavam área de influência, potencial de vendas, renda e localização de clientes, o que culminou com uma ferramenta consolidada em *tablet* que se tornou o direcionador tático da nossa expansão, permitindo uma leitura em campo para acertar mais nas escolhas de pontos.

Com essa ferramenta, e a partir de uma estratégia definida, os gerentes de expansão, alocados regionalmente pelo país, navegam pelas diversas cidades com uma leitura precisa de todas as variáveis importantes para uma busca eficiente do ponto desejado. Assim, conseguimos construir uma verdadeira fábrica de produção de farmácias com muita velocidade e alto grau de acerto, que permanece até hoje.

À medida que os gerentes de expansão levantam um ponto comercial, o passo seguinte é fazer a visita de aprovação. Por melhor potencial que o ponto demonstre, trata-se ainda de uma proposta que precisa passar pela validação de um grupo multidisciplinar, que então faz a aprovação *in loco* a partir da análise de diversas variáveis. Participar desse processo de visitas para aprovação de pontos foi a tarefa mais gratificante que pude ter até hoje na RD.

Duas a três vezes por mês, levantava-me de madrugada para tomar assento em nosso avião às sete horas em ponto e viajar por dois dias seguidos, subindo e descendo nas mais diversas cidades do país.

Juntamente comigo, dois executivos da área e o gerente de expansão da região onde se situava o ponto, validando ou não cada proposta.

Como me diverti! Sobrevoei o Brasil todo, desci em todos os estados do país, aprovei pontos em mais de quatrocentos municípios, alguns dos quais visitei dezenas de vezes. Nós nos divertíamos muito não só dentro do avião como também fora dele, caminhando pelas cidades, observando os entornos, dos centros ricos às periferias pobres. Tínhamos nossos rituais, como só poder tomar um café com um pão na chapa após a aprovação do primeiro ponto do dia. No final do dia, um jantar dentro do nosso roteiro de bons restaurantes típicos de cada local, com muito vinho e boas risadas.

Foram muitas as histórias que vão permanecer para sempre na minha memória. Por exemplo, quando iniciamos a prospecção para entrar em Recife, rodávamos em um carro pela cidade, em um grupo de seis pessoas, observando cada bairro; ao final do dia, depois de muito rodar, uma suspeita diante de tantos movimentos pela cidade fez com que quatro policiais muito bem armados dessem voz de parada, com as armas apontadas para mim e para o motorista, no caso nosso gerente local de expansão. Fomos obrigados a descer do carro, encostar de frente para um muro, para sermos revistados com as mãos para cima até convencer a polícia do que estávamos fazendo. Do outro lado da rua, os pedestres se acumulavam para assistir à cena.

Em outra ocasião, estávamos encerrando nossa visita em Palmas e dirigindo-nos ao aeroporto quando nos deparamos com uma passeata de revolta da população pela greve dos ônibus; fiquei mais de meia hora tentando convencer as lideranças de que estávamos na cidade para trazer empregos. Fomos enfim liberados depois de muitas súplicas.

Passamos também por alguns perrengues quando decolamos de Belém, no Pará, para São Paulo e nosso avião sofreu uma pane elétrica. Um susto e tanto. Também quando descemos com um temporal em Porto Alegre, e o avião rodopiou na pista.

Ao mesmo tempo, o privilégio de poder, nas minhas visitas, sobrevoar as Cataratas do Iguaçu, a Floresta Amazônica, os Lençóis Maranhenses, as praias maravilhosas nos vários cantos do nosso país e tantos pontos tão magníficos foi sempre um motivo a mais para dar brilho a nossas viagens. Ainda hoje, quando minha agenda permite, viajo com o grupo.

Nas segundas-feiras posteriores às visitas, com os *inputs* trazidos do campo e o racional econômico de cada projeto à mão, sentamos à mesa para aprovações ou reprovações dos pontos visitados. A partir das aprovações, o procedimento segue com as negociações, projetos de implantação, construção ou reforma do prédio, legalizações, tudo acompanhado passo a passo pelas lideranças do processo.

Mas para que possamos ter sucesso em todas as entradas em novos mercados, o principal são as pessoas. São os nossos colaboradores que levam uma cultura de negócio centenária e vencedora para os mais longínquos lugares. Para que isso aconteça, mantemos vinte Centros Avançados de Treinamento espalhados pelo país e conectados com a área de Treinamento localizada em nossa sede. Lá são contratados e treinados os colaboradores que ocupam as funções do primeiro e do segundo estágio do plano de carreira. Os demais são transferidos de outras lojas existentes para liderar a unidade nova e levar a cultura da empresa. Permanecem por um período contratado e depois retornam a seus locais de origem. Alguns deles optam por ficar na cidade, ou no estado, e passam a fazer a vida lá.

> **A inauguração de uma loja é a festa do crescimento. Ela consagra um momento emocionante e ritualístico em que o crescimento das pessoas é celebrado com o da empresa.**

Toda inauguração tem um padrinho ou madrinha, escolhidos dentro da área corporativa, que compartilham o processo final de montagem da loja, participam de um dia de integração e acompanham todos os rituais da abertura.

O entusiasmo e a emoção de uma inauguração são tocantes e inesquecíveis. Colaboradores se dão as mãos e, com padrinho ou madrinha, gerente regional e diretor eventualmente presente, formam uma roda. É o momento em que a rádio da empresa anuncia simultaneamente a todas as lojas a inauguração. Fala da cidade e menciona cada um dos colaboradores, dando um destaque final e especial à história do gerente. Terminado esse rito, após uma fala breve do gerente regional e do diretor presentes, os colaboradores são desafiados a apresentar seu "grito de guerra", normalmente uma paródia acompanhada de uma dança típica da região. Só então acontece o corte da fita inaugurando a filial. Sempre que possível, durante minha fase de CEO na Raia, eu acompanhava e liderava as inaugurações. Na minha transição de CEO para *chairman*, passou a ser impossível participar das inaugurações, algo que me fez muita falta. Recentemente, tive a oportunidade de participar da abertura da filial número 3.000, em Itapipoca, no Ceará, juntamente com Carlos Pires. Minha emoção foi indescritível ao resgatar as memórias de todo um tempo que eu vivia, de toda a energia que eu tinha, todo o prazer que eu sentia. Sempre considerei a inauguração como um momento mágico. Na véspera eu dormia mais cedo, para garantir toda a minha reserva de energia e entusiasmo e testemunhar a emoção que brotaria de todos os funcionários durante a cerimônia.

Eu me recordo de um sábado cedo em que cheguei a Londrina para uma inauguração. Durante o café da manhã com o gerente regional, fui informado de que o estacionamento da loja estava irregular. A unidade não poderia ser inaugurada daquela forma. Contive a revolta e fui para a loja. Como sempre, um ambiente festivo e de muita alegria me aguardava. Quando comuniquei que não poderia ser aberta, frustração geral, choro e lamentações. Nunca vou me esquecer do gerente subindo as escadas e se trancando no escritório para chorar.

Naquele momento, tive a certeza do que uma inauguração de loja representa para o grupo de funcionários. Seria muito mais fácil, para qualquer um deles, voltar para casa, aproveitar o fim de semana e ainda curtir umas férias extras durante o tempo necessário para a loja ser reformada. O ambiente ficou tão triste que mudei minha passagem de volta para o final da tarde e levei todos a uma churrascaria. São fatos que permanecerão para sempre em minha memória.

A expansão é a fundação da empresa que existe hoje. Sem esses espaços físicos, não seria possível desenvolver todo o potencial estratégico, tampouco ocupar os espaços, em todos os estados do país, atingindo uma incrível homogeneidade de resultados e com relevância de *share* em todas as cidades ocupadas. De fato, é uma expansão ímpar, de difícil comparação com qualquer outra empresa no Brasil e no mundo, seja pela velocidade, seja pela qualidade da execução. Em 2024 foram abertas trezentas filiais, todas com o mesmo cuidado e seguindo passo a passo todos os processos envolvidos. Terminamos o ano com 3.230 filiais, ocupando com relevância todos os estados do país em mais de seiscentos municípios.

Preparação final para abertura da loja 3.000 em Itapipoca--CE (2024)

Avançando o crescimento da rede pelos interiores do Brasil

O MUNDO DIGITAL

Ao final de 2017, a Raia Drogasil havia cumprido praticamente tudo o que estabelecera com relação a seu planejamento estratégico dos três anos anteriores e expandia a rede a passos acelerados, destacando-se cada vez mais dos concorrentes. Tinha sido premiada como empresa do ano pela revista *Exame*, prêmio extremamente relevante e reconhecido. O valor de mercado subia cada vez mais, sempre com a desconfiança dos investidores locais, cujo olhar sempre foi focado no curto prazo, mas também com a confiança dos investidores predominantemente estrangeiros, que dão preferência a um olhar mais de longo prazo.

> **A precificação da ação já computava a promessa de expansão de lojas. Era hora de revisitar a nossa estratégia. E as oportunidades estavam muito claras naquele momento.**

O mundo digital chegava ao varejo, não mais na forma de um modelo de *e-commerce* disponível desde o início dos anos 2000, mas sim com uma forma em que a jornada de compra com as lojas físicas deveria ser oferecida igualmente no formato digital. Era o modelo multicanal, ou *omnichannel*, como é usualmente chamado.

Não se tratava mais de físico ou digital, mas de físico e digital, alternados ou separados. Na jornada de compras, o cliente poderia pedir, pagar e receber na loja ou em casa de acordo com a sua conveniência. O desafio era oferecer uma jornada completa e com a mesma qualidade em ambos os canais, construindo relações digitais com nossos clientes. Para tanto, ao contrário dos que pregavam o fim das lojas físicas, passou-se a entender que elas eram indispensáveis para o modelo multicanal. Quem tinha apenas *e-commerce* compreendeu que precisava de um parque de lojas físicas agregado. Quem tinha apenas lojas físicas entendeu que precisava oferecer a experiência digital. Naquele momento, vislumbramos a avenida de oportunidades que teríamos pela frente. Tínhamos 1.800 filiais, ocupando quase todo o território nacional, com um banco de dados de mais de quarenta milhões de clientes.

Com esse parque de lojas instalado e mantendo uma velocidade acelerada na expansão, teríamos um custo de captação de clientes cada vez mais baixo, uma vez que a quase totalidade dos clientes de uma farmácia se situa nas proximidades delas. Ou seja, diferentemente da maioria dos varejistas, não precisávamos investir em mídias, tradicionais ou digitais, para trazer os clientes. E, uma vez na farmácia, poder fidelizá-los, convidando-os a utilizarem nosso aplicativo digital, seria uma vantagem imensa. Para completar, nossas entregas nas casas dos clientes teriam custos muito mais baixos utilizando as farmácias como centros de distribuição.

Com apoio de uma consultoria, reunimos Conselho e Alta Executiva e mergulhamos na estruturação de uma nova visão estratégica que preparasse a empresa para o mundo digital. O foco principal era discutirmos como seria a nossa jornada multicanal, identificando obstáculos e oportunidades. Marcílio abraçou essa jornada de forma obstinada, liderando-a com toda sua competência.

Primeiro, era preciso pensar o cliente no centro do negócio. Até então, toda a nossa tecnologia tinha o foco principal no desenvolvimento de programas para a área corporativa apoiar o empreendimento. Esse desenvolvimento se concentrava em um número relativamente pequeno de pessoas que se utilizavam de uma tecnologia analógica, uma tecnologia em que os dados estão concentrados em uma fonte única, o que não permitia a descentralização necessária para se desenvolver com velocidade aplicativos voltados ao usuário final, que passava a ser o cliente.

Eram três os desafios principais: dar velocidade máxima ao processo de transformação da tecnologia analógica em digital; trazer e reter desenvolvedores digitais, um perfil jovem, pouco adaptável a regras convencionais; inserir uma cultura digital na companhia, uma cultura mais horizontal e mais descentralizada em que as soluções são trabalhadas em grupos multifuncionais (*squads*). A empresa deveria se tornar menos hierárquica, mais ágil e com poder menos concentrado nas lideranças.

Apesar de ser uma jornada que nunca se encerra, temos sido muito ágeis, com números que cada vez mais se descolam dos da concorrência direta. Hoje nosso aplicativo já recebe avaliações bastante positivas por parte de nossos clientes e é o mais utilizado do segmento no Brasil, com larga margem de vantagem. Nossas vendas que se utilizam dos canais digitais se aproximam de 20%, e já efetuamos entregas em todos os municípios com mais de cem mil habitantes, com opções de recebimento em menos de uma hora. E, para completar, o fluxo de clientes em nossas lojas se manteve, uma vez que apenas 2% dos nossos consumidores fiéis usam o canal digital de forma exclusiva. Os demais alternam sua jornada sem deixar de frequentar a loja. Embora continuemos a agregar crescimento do número de clientes novos com as aberturas de lojas, o principal motor de crescimento passou a caminhar cada vez mais para fidelização daqueles já existentes, aumentando sua cesta de compras por meio do relacionamento digital. E essa mudança de estratégia se traduziu na forma como passamos a gerir a empresa. Se antes nossos principais indicadores eram apenas financeiros e focados em lojas, depois ampliamos nosso olhar incluindo indicadores de clientes, tanto na gestão do dia a dia quanto na remuneração variável dos colaboradores.

A SAÚDE NO NEGÓCIO

À medida que dávamos os primeiros passos com a transformação digital da empresa, começamos a entender os impactos que ela poderia produzir na área da saúde.

Com nossa Executiva imersa no projeto de digitalização, foi o Conselho que assumiu o protagonismo na leitura do cenário. Se nas duas grandes agendas anteriores, Expansão Física e Transformação Digital, havíamos desenhado estratégias com foco na concorrência, fosse nacional, fosse internacional, aqui o desafio era maior. Não tínhamos *benchmarks*. Fomos ouvir diretamente o cliente, para entender como formular nosso projeto.

Kika, que, após a fusão, deixara a diretoria de Marketing da Raia para ocupar uma das três cadeiras do Conselho destinadas à nossa família, comandava o Comitê de Estratégias do Conselho. Foi dela a iniciativa de trazer a Box, empresa que se destina a criar estratégias de negócios a partir de mapeamento de comportamentos, para uma nova rodada de alinhamento estratégico envolvendo Executiva e Conselho.

Por meio de pesquisas, procuramos entender hábitos e expectativas dos consumidores em relação à saúde para construirmos juntos uma estratégia de saúde adequada a uma nova realidade. O mundo digital transformara a relação das pessoas com a saúde.

Nossos consumidores em geral demonstravam um desejo muito maior de ferramentas para cuidar da saúde, e não apenas de sua doença. Bons hábitos de promoção da saúde eram buscados com muita frequência em aplicativos digitais. Da boa alimentação aos cuidados com a saúde mental, com exercícios físicos, qualidade do sono, enfim, todas as condições que propiciassem uma maior longevidade e uma qualidade de vida melhor.

Com o envelhecimento e consequente aparecimento de cronicidades como diabetes, hipertensão, obesidade, entre outras, existia um espaço enorme para uma relação de acompanhamento personalizada combinando uso de aplicativo digital com a assistência farmacêutica na farmácia.

Dessa forma, nossa proposta de cuidados, que até então se restringia ao atendimento farmacêutico voltado às doenças em curso, poderia aumentar de escopo, partindo da promoção da saúde via aplicativos e avançando para a prevenção, cuidando de maneira contínua das cronicidades via relacionamento digital. E a transformação digital nos permitia ampliar significativamente nossa oferta de produtos e serviços na jornada de cuidados das pessoas.

Àquela altura, estratégias de promoção de uma saúde integral começavam a ser buscadas por vários outros agentes da cadeia de saúde. Hospitais, planos de saúde, clínicas, laboratórios de análises, dentre outros, começavam um processo de aquisições para criar ecossistemas que visavam à promoção da saúde integral. Esse novo paradigma de cuidado mostrava ganhar força já antes da pandemia.

Mas nossos diferenciais começam pela recorrência. Enquanto os agentes da cadeia acima citados têm contato com seus usuários com periodicidades semestrais, anuais ou mais, nossos clientes frequentam nossas farmácias todos os meses. Temos com isso a possibilidade de nos relacionarmos com muito mais frequência, compreendendo de maneira mais próxima as reais necessidades de cuidado dos consumidores.

Com o tempo, fomos percebendo que as oportunidades não paravam por aí. Com o agravamento da pandemia, no final de 2020, o sistema de saúde do país começava a dar sinais de alerta, o que escancarava mais ainda a necessidade de mudanças. Nossas oportunidades foram ficando cada vez mais claras. Fizemos uma nova imersão, para aprofundarmos nosso entendimento.

No Brasil, ao contrário da quase totalidade dos demais países, temos um Sistema Único de Saúde (SUS) disponível para toda a população, atendendo aproximadamente 75% dela. Os 25% restantes recorrem à saúde suplementar, que é a rede de assistência privada, em que os indivíduos têm acesso a planos de saúde pagos do próprio bolso ou por empresas, associações ou qualquer outra pessoa jurídica a que estejam vinculados. O sistema suplementar, como o próprio nome sugere, garante que uma parcela considerável da população brasileira receba atendimento de saúde em redes particulares, reduzindo a pressão sobre o sistema público. Composto de uma complexa rede de operadoras, planos de saúde, laboratórios, hospitais e clínicas particulares, o sistema suplementar de saúde brasileiro vem sofrendo nos últimos anos consequências graves, causadas por uma conjunção de problemas.

O motivo estrutural dessa crise é a falta de abordagem preventiva no acompanhamento da saúde das pessoas. Hoje em dia, estamos habituados a recorrer ao sistema de saúde apenas quando temos algum sintoma, um incômodo. De uma forma geral, pouco pensamos na saúde quando nos sentimos bem. Dessa maneira, moldamos um sistema de atendimento em que o paciente recebe atenção apenas quando apresenta algum sintoma. É um sistema de doença, não de saúde. A consequência disso é que, na maior parte das vezes, os pacientes chegam ao médico já com doenças que poderiam ser evitadas, gerando preocupação e prejuízos para a saúde e custos elevadíssimos para o tratamento. O ditado "é melhor prevenir do que remediar" nunca foi tão verdadeiro e urgente.

Somam-se a essa complexa discussão os efeitos impactantes do envelhecimento populacional. O Brasil está envelhecendo em ritmo acelerado. Os 30 milhões de brasileiros com mais de sessenta anos atualmente mais que dobrarão em quantidade até 2050, chegando a aproximadamente 65 milhões. Isso significa que, se não acelerarmos as mudanças para adaptar o sistema de saúde a um modelo mais preventivo e eficiente, em poucos anos enfrentaremos um agravamento do problema, com uma enorme demanda de idosos desassistidos buscando atendimento na já sobrecarregada rede pública. Precisamos cuidar dos efeitos do envelhecimento; caso contrário, não haverá saúde para todos.

Levando isso em conta, concluímos que a farmácia pode exercer um papel fundamental nessa nova realidade se pensarmos que a sua presença física no cotidiano das pessoas, o vínculo e a confiança estabelecidos na relação farmacêutico-cliente representam uma oportunidade de contribuição enorme na reestruturação do sistema de saúde. A farmácia pode se tornar um ator fundamental do novo sistema, promovendo saúde, prevenindo doenças e ajudando o sistema a se equilibrar financeiramente.

Estima-se que mais de 80% das queixas de saúde apresentadas nos prontos-socorros poderiam ser resolvidas em ambientes simples de baixa complexidade, como é a farmácia. Um paciente jovem com dor de garganta e febre baixa poderia ser atendido inicialmente na farmácia sem maiores problemas, por um farmacêutico que registrasse informações sobre os sintomas, coletasse dados básicos sobre seu estado geral (pressão arterial, nível de oxigênio no sangue, fotografia da garganta, teste de influenza, covid-19 e outros) e os enviasse via telemedicina a um médico para que este desse orientações sobre os próximos passos. Casos como esse são extremamente recorrentes em pronto atendimento e podem ser resolvidos de maneira muito simples. É um desperdício de recursos tratar esses pacientes em um hospital onde a estrutura é muito mais especializada e consequentemente mais cara.

A farmácia pode estar conectada às redes locais de saúde no atendimento à população resgatando o seu papel de origem, que a credenciava como uma porta de entrada do sistema. Parece ironia do destino, mas o futuro da farmácia é essencialmente o retorno à sua origem como um agente local de saúde da comunidade que auxiliava a população em suas demandas diárias de saúde e bem-estar. É como o farmacêutico do passado, que atuava como um porto seguro nas necessidades de saúde da sua clientela, ajudando no direcionamento para o médico quando necessário.

Atualmente, as farmácias já se tornaram um ponto de referência muito importante para a saúde, por servirem como local para um primeiro atendimento básico. A pandemia de covid-19 foi decisiva nessa percepção pelos clientes, já que os testes rápidos associados ao teleatendimento apoiaram o sistema de saúde de forma inquestionável ao evitar a sobrecarga de atendimento nos hospitais, extremamente pressionados nos picos da emergência sanitária. Em vez de buscar ajuda nos prontos-socorros sobrecarregados e altamente contaminados durante a pandemia, muitos brasileiros passaram a utilizar a farmácia como primeiro destino para realizar o teste de covid-19. Uma alternativa infinitamente mais segura e conveniente para pacientes com pouco ou nenhum sintoma de presença do vírus.

Mas essa contribuição não basta. Podemos e queremos ir muito além. Se hoje contamos com mais de 3.200 farmácias, já ocupando todos os estados e todas as cidades com mais de 100 mil habitantes, temos o Brasil todo próximo a nós. São mais de 12 mil farmacêuticos, um verdadeiro exército de agentes de saúde, e teremos cada vez mais à medida que novos serviços forem incorporados nas farmácias. Temos 48 milhões de clientes cadastrados que se utilizam das nossas farmácias anualmente, 27 milhões dos quais as frequentam trimestralmente. Com esses contatos próximos e recorrentes, temos oportunidades de oferecer uma abordagem bastante robusta em atenção primária à população. Para além do primeiro atendimento da farmácia, podemos, sim, apoiar a saúde e o bem-estar dos nossos clientes muito antes de eles adoecerem.

Por meio de ações focadas em promoção da saúde, podemos desenvolver programas incentivados que ajudem a modular hábitos saudáveis que impactem positivamente a nutrição, as atividades físicas diárias, o sono e o bem-estar psicológico. Essas diferentes dimensões da saúde são essenciais para uma sociedade mais saudável no futuro. Com a popularização das tecnologias digitais, hoje temos a possibilidade de oferecer, por meio dos *smartphones*, inúmeros programas de saúde orientados a perda de peso, reeducação alimentar, higiene do sono e planos de exercícios personalizados, que atuam engajando usuários no dia a dia via programas de recompensas que ficam mais potentes com contato humano de apoio que podemos dar. É um universo completamente novo de soluções que se combinam para atacar os principais problemas relacionados ao estilo de vida. As finanças do sistema de saúde no futuro agradecerão.

Com dados que geramos, podemos ainda ajudar sobremaneira clientes com problemas crônicos como diabetes, hipertensão e obesidade a monitorarem melhor a saúde, evitando ou retardando o agravamento dessas condições. Com o envelhecimento, muitas delas tornam-se inevitáveis ao longo da vida, sendo a prevenção uma estratégia fundamental de mitigação dos riscos e custos associados. Assim como os programas orientados ao estilo de vida saudável, hoje em dia é possível conectarmos nossos clientes com programas que tenham como foco o controle e o monitoramento das condições crônicas, combinando ferramentas digitais que auxiliem nas atividades de autocuidado diário, como os lembretes de horários das medicações, e serviços farmacêuticos que viabilizem mensurações seguras e sistemáticas dos indicadores de saúde, tais como pressão arterial, no caso dos hipertensos, glicemia capilar, no caso de quem tem diabetes, e assim por diante.

Por fim, com o desenvolvimento cada vez mais acelerado de vacinas para proteger a saúde contra os diversos vírus e patógenos, podemos ainda servir à população como um destino conveniente de aplicação, com farmacêuticos preparados não apenas para o serviço, mas também para a orientação e o controle de todo o ciclo vacinal.

Em resumo, o projeto nos ajudou a enxergar com muito entusiasmo a grande oportunidade de sermos um dos grandes agentes de atenção primária do país, auxiliando na complexa missão de tornar o sistema mais justo, acessível e sustentável. A farmácia do futuro terá como missão central promover o estilo de vida saudável, vacinar, prevenir doenças e realizar o atendimento relacionado aos sintomas básicos do dia a dia. É nessa visão que se resume a estratégia da RD Saúde. O projeto vem avançando a passos firmes, sempre com os cuidados devidos para treinar farmacêuticos como agentes de saúde. É uma evolução muito significativa, que traz desafios enormes de adaptação nesse novo papel.

Recentemente, criamos um curso superior de Farmácia em nossa sede, o que permite acelerar a formação de novos farmacêuticos, especialmente aqueles que ocupam posições em nossas farmácias atualmente. Hoje já temos setecentos alunos ativos, todos pertencentes ao quadro de colaboradores em lojas. A caminhada é longa, mas desde 2020 seguimos esse plano com muita intensidade e dedicação. Queremos ser, no futuro, a maior empresa de promoção de saúde e bem-estar do país. Um sonho possível.

Uma ampliação tão relevante da nossa estratégia nos fez parar para discutir a evolução do nosso propósito, que passou a ser "Juntos por uma sociedade mais saudável". Definimos compromissos públicos para uma agenda 2030, integrando essa nova estratégia com nossa jornada de impacto, colocando, assim, Sustentabilidade no *core* do nosso negócio. A Promoção de hábitos saudáveis & acesso à saúde, a Inclusão por meio da diversidade e do desenvolvimento profissional e a Contribuição para uma economia de baixo carbono e livre de resíduos são os três pilares do nosso propósito e da nossa estratégia.

Nessa jornada também aprofundamos um trabalho de *branding* para recriar nossa marca corporativa. Em 5 de junho de 2024, lançamos campanha de mídia para que ela fosse apresentada: RD Saúde. A partir de então, essa se tornou a marca que passou a abraçar não só as bandeiras Raia e Drogasil, como também nossas marcas próprias e parte das startups adquiridas até então.

A PANDEMIA

No início de 2020, começaram a se propagar notícias da proliferação da covid-19. Em 26 de fevereiro, tivemos a confirmação do primeiro caso no país. A partir daí, a tensão cresceu em nível acelerado. A cada dia mais países divulgavam casos e mais casos em seus registros. Começamos então a nos movimentar em busca de máscaras e de álcool em gel para minimizar riscos de clientes e funcionários.

Na segunda-feira, 16 de março, o comércio começou a se recolher. Gradativamente todas as redes de varejo começaram a fechar as portas, e, poucos dias depois, o fechamento das lojas se tornou obrigatório, exceto para farmácias e supermercados. A corrida às farmácias, com a antecipação de compras, foi algo jamais visto. E nesse contexto tínhamos que dar toda a proteção possível contra um vírus cuja forma de propagação mal conhecíamos.

Marcílio liderou todo o processo de forma exemplar. Em nenhum momento faltaram máscaras e álcool em gel para funcionários e clientes em nossas filiais. Organizamos nosso atendimento em lojas respeitando distâncias mínimas entre pessoas. Liberamos para casa todos os nossos funcionários idosos ou com algum tipo de comorbidade. No final de março, o escritório central foi esvaziado. Em parceria com o Hospital Albert Einstein, criamos um canal de teleconsulta disponível a todos os funcionários da empresa.

Nesse ínterim, reunimos o Conselho pela primeira vez em formato virtual e decidimos tomar mais recursos em bancos, procurando obter o máximo de segurança financeira diante de um cenário de tantas incertezas.

Quando entramos em abril, uma nova rotina de trabalho estava estabelecida. O trabalho remoto já ganhava tração. Aos poucos fomos descobrindo que todas as operações fora dos ambientes de lojas e de centros de distribuição podiam funcionar normalmente. Era o início do que se chamava de "novo normal". Todas as reuniões se davam através das telas. Óbvio que as casas não estavam preparadas para terem todas as pessoas com espaços para reuniões. Assim, um latido aqui, uma criança chamando a mãe ali, de um jeito ou de outro as pessoas iam se adaptando, dentro do possível, à nova realidade.

Com as pessoas recolhidas em suas residências, mesmo com uma demanda explosiva nos canais digitais, as vendas caíram 15% em abril, queda que se manteria igual nos dois meses seguintes. Mas se dentro de casa nossa lição estava feita, era hora de pensar o que poderíamos fazer pelos nossos clientes e para minimizar o sofrimento no nosso entorno.

Rapidamente, desenvolvemos um canal de vendas através do WhatsApp com entrega a pé realizada pelos próprios funcionários das farmácias, o que chamamos de "entrega de vizinhança". Fomos motivados, inicialmente, pela demanda em atender os clientes mais idosos que não podiam ou não queriam sair de casa. A pandemia ajudou a resgatar o papel da farmácia como ator no sistema de saúde.

> **Em decisão do Conselho, resolvemos fazer uma doação de R$ 25 milhões para aparelhamento de cinquenta hospitais necessitados em cidades em que operávamos.**

Com apoio do Instituto para o Desenvolvimento do Investimento Social (IDIS), fizemos um levantamento em várias cidades para escolher cinquenta hospitais relevantes com carências a serem supridas.

Acolhemos solicitações de doações a partir de contratos firmados e fazíamos uma curadoria minuciosa para entender a efetividade das solicitações. A partir daí, todas as compras eram feitas por nós de forma centralizada e enviadas à filial mais próxima de cada hospital, para entrega. Não foi surpresa ouvir relatos emocionantes sobre o envolvimento de nossos funcionários na entrega dos materiais. Um momento de orgulho pela constatação do quanto nossa cultura centenária de cuidar da saúde das pessoas estava presente.

Se tivéssemos simplesmente entregado cinquenta cheques de R$ 500 mil a cinquenta hospitais sem credenciá-los, sem fazer curadoria dos produtos, sem acompanhar as entregas, jamais teríamos produzido o impacto que produzimos.

A partir de julho, a pressão pela abertura do comércio era cada vez maior. Por meio do Instituto para Desenvolvimento do Varejo (IDV), mantínhamos reuniões semanais com trocas de informações com o governo do estado, e o processo de liberação gradativa começou a ganhar velocidade. A ansiedade era grande. Com shopping centers fechados, o quadro se tornava cada vez mais crítico; o que para nós representava 5% das lojas, para outros setores representava até 80%, como no caso do segmento de vestuário.

À medida que o comércio abria as portas, as vendas começavam a retomar o ritmo. O fluxo de clientes em lojas crescia lentamente, porém com uma cesta de compras maior, uma vez que as pessoas ainda procuravam sair o mínimo possível de casa. A farmácia passava a adquirir novos contornos. Com a liberação de testes de covid-19, os serviços farmacêuticos começaram a ganhar tração. No último trimestre do ano, já com o comércio todo reaberto, as vendas retomaram a normalidade.

No início de 2021, iniciou-se o processo de vacinação. Mais uma vez nossa empresa cumpriu um papel importante, suprindo necessidades de mais de duzentos postos de saúde em cidades nas quais atuávamos. Como da vez anterior com relação a hospitais, desta, já tendo acumulado experiências, conseguimos ser muito ágeis e eficientes para aparelhar os postos de saúde escolhidos de modo a atender às reais necessidades no tempo mais curto possível. E, mais uma vez, o entusiasmo e a dedicação dos nossos funcionários das lojas foram vitais para o sucesso da operação.

No final de 2021, nosso escritório já estava pronto para receber os funcionários. Respeitado o distanciamento social, não havia local de trabalho para todos. Por outro lado, muitos se habituaram com o trabalho remoto, mantendo produtividade e melhorando qualidade de vida. E ainda tínhamos um contingente significativo de funcionários contratados durante a pandemia, especialmente nas áreas de tecnologia, com rotinas de vida totalmente ajustadas ao trabalho remoto, alguns deles morando fora de São Paulo. O ponto de equilíbrio foi encontrado em um modelo híbrido e flexível, em média com três dias da semana no escritório e dois em casa.

Nossa sede, que ocupa 40 mil metros quadrados na região do Butantã, ficara ociosa após a saída de um dos nossos centros de distribuição, e com isso pudemos reformá-la para adequá-la à nova realidade. Em todas as áreas, as posições deixaram de ser fixas, ou seja, funcionários passaram a ocupar seus espaços em mesas de trabalho aleatórias, conectando seus *laptops*. Vários espaços foram criados no entorno das áreas de trabalho; espaços abertos, muitos deles ao ar livre. Para completar, ampliamos muito as áreas verdes, transformando nossa sede em um local de trabalho bastante contemporâneo e ajustado a uma nova realidade.

O CONSELHO

Quando comecei na função de presidente do Conselho, não tinha clareza do papel que eu exerceria. Nunca havia vivido essa experiência, nem na Raia nem fora dela. Em pouco tempo, fui percebendo a diferença entre liderar um Conselho e liderar a Executiva. Quando era CEO, ouvia pouco, embora nunca relutasse em mudar de opinião se me sentisse convencido. Mas sempre entrava na sala com as soluções em mente. Afinal, minha cabeça girava em torno de Raia 24 horas por dia.

Desprender-se disso é um desafio. O presidente executivo tem a última palavra; o presidente do Conselho, não, ele precisa ser um líder a buscar convergências.

Nos primeiros anos, quando a estratégia era a do varejo físico tradicional, meu repertório era reconhecido como o maior dentro do Conselho. Assim, o vício na busca da última palavra permanecia. Falava demais, muitas vezes fora de hora, não me preocupava tanto em ouvir a opinião de todos. Com o tempo fui amadurecendo. Pedi a Kika, minha sobrinha, também conselheira, que se sentasse sempre ao meu lado e me desse uma cutucada com os pés sempre que percebesse que eu tomaria a palavra de forma precipitada. Logo após a fusão, Kika saiu da diretoria de Marketing e passou a ocupar uma das três cadeiras da nossa família no Conselho. Dotada de uma visão estratégica privilegiada, desde o início foi minha grande parceira na construção do nosso modelo de gestão. Em nossos vários cafés e almoços ao longo da minha gestão, com toda sua franqueza apontava meus erros, me ajudando no meu desenvolvimento como presidente do Conselho.

Comecei na presidência do Conselho em uma época em que o ambiente externo era estável, o varejo era apenas físico e focado em produtos. Os planos estratégicos eram feitos para quatro ou mais anos, dizia-se que uma boa empresa era aquela que "funcionava como um reloginho". Conselhos de Administração das empresas pouco se dedicavam ao desenvolvimento do negócio. O foco permanecia nos rituais comuns a todas as organizações, como aprovar balanços, definir remuneração dos administradores, acompanhar a gestão de riscos, enfim, outros vários temas ligados a *compliance* para garantir o bom funcionamento da companhia e o cumprimento de todas as regras estabelecidas pelo sistema regulador.

Mas quando assumi a posição de *chairman*, o mundo já começava a se transformar em uma velocidade incrível. *Startups* criavam as mais variadas soluções dia após dia. Por conta disso, a estrutura organizacional das empresas precisava deixar de ser engessada para ser mais ágil. Como consequência, um Conselho de Administração precisava cumprir um papel muito mais ativo no negócio, passando a ser mais protagonista das estratégias para contribuir na condução da empresa ao sucesso.

Nesse contexto, minha maior tarefa foi construir uma governança que gerasse valor para a organização de forma significativa, sendo corresponsável pela estratégia, e visão de longo prazo, mas sem invadir o espaço da Executiva, deixado clara a ela a responsabilidade pelos resultados e pela execução estratégica.

As novas estratégias da transformação digital e do ecossistema de saúde trouxeram grandes desafios para a manutenção de um Conselho contributivo, que continuasse a fazer diferença no negócio. Nosso grupo de conselheiros não tinha todos os perfis necessários para a nova jornada. Assim, algumas mudanças foram necessárias para que ele continuasse a cumprir o papel que se esperava. A cada dois anos, seguimos visitando nossa matriz de competências, para detectar a necessidade de entrada de novos perfis de conselheiros.

E se o Conselho precisava mudar, eu também precisava. Em 2017, quando avaliação de Conselho ainda era um tabu, recorri ao professor Rossetti, um grande mestre dessa área, para que preparasse uma avaliação exclusiva de mim como *chairman*. Queria que minha atuação fosse avaliada não só por conselheiros, mas também pelo primeiro nível de executivos. Eu me recordo de ele comentar que até então nunca havia vivido ou presenciado um caso em que um *chairman* solicitasse uma avaliação apartada, especialmente em uma empresa que nunca tivera uma avaliação, fosse do Conselho como um todo, fosse de conselheiros individualmente. No geral fui muito bem avaliado, mas não faltaram recomendações quanto a mudanças na minha postura na condução das reuniões.

Com a diversificação da nossa estratégia, promovendo uma transformação digital e começando a ocupar o território da saúde, ouvir mais e falar menos definitivamente passou a compor a minha cartilha, ainda mais por serem territórios novos para mim. Com a pandemia, as reuniões passaram a ser predominantemente digitais, e o recurso de levantar a mão em ordem numerada para poder falar foi decisivo para se estabelecer uma reunião mais participativa e com conclusões mais compartilhadas.

Hoje olho a composição do nosso Conselho em três grupos complementares: o primeiro chamo de núcleo duro. Trata-se do grupo predominantemente de controladores com visão de longo prazo. Eles são os guardiões da cultura, da estratégia acordada e da perenidade. Tenho muita dificuldade de entender o sucesso das empresas que não têm esse núcleo. Como manter a cultura com trocas constantes de conselheiros? Como não cair na tentação de sacrificar resultados de curto prazo para preservar uma estratégia de longo prazo? Como não investir em políticas voltadas para a sociedade em vez de políticas que só beneficiam investidores? A sociedade não aceitará empresas com essas características em um futuro em que as redes sociais se movem tão ativamente, cobrando sempre a participação das empresas na inserção das pessoas com olhar de diversidade, no respeito ao meio ambiente e na participação nas comunidades de atuação.

O segundo grupo chamo de núcleo de ataque. É constituído na maioria por jovens empreendedores, ou executivos em cargos de liderança. Vivem as transformações mais recentes do mundo empresarial e aportam um conhecimento que normalmente os Conselhos não têm. Ao contrário dos conselheiros de outras épocas, que contavam com suas experiências passadas, estes apontam os caminhos futuros. A busca por esses perfis é difícil, uma vez que poucos são os que estão disponíveis para dar o tempo que os Conselhos desejam, ocupando suas cadeiras com senso de pertencimento, exatamente por estarem liderando empresas ou empreendendo.

O terceiro grupo chamo de núcleo de equilíbrio. É formado por profissionais com perfis mais experientes, que encerraram as carreiras de executivos há pouco tempo, com bagagem suficiente para contribuir estrategicamente e dar o equilíbrio entre os dois grupos anteriores, propiciando uma governabilidade mais fluida ao Conselho. São conselheiros que se encaixam muito bem em lideranças de comitês.

> **Ao longo do tempo, aprendi que é preferível ter um bom Conselho com uma estratégia ruim a um Conselho ruim com uma estratégia boa. No primeiro caso, o Conselho pode revisitar e alinhar a estratégia à luz do que seria o melhor para a empresa; no segundo, o risco de destruir a estratégia por conta de desalinhamentos na governança é enorme.**

Nosso Conselho hoje tem no total dez dias completos de reuniões ao longo do ano, quatro deles *off-site*. Desse total, quatro coincidem com o final de trimestre, quando os resultados são consolidados. O

primeiro *off-site* acontece em junho. Nele promovemos um *workshop* de dois dias, trazendo palestrantes de alto nível para prepararem e atualizarem os conselheiros e a Alta Executiva para a construção do planejamento estratégico do ano seguinte. A partir desse evento, o Conselho produz uma carta com suas expectativas para o planejamento estratégico, que é formalmente entregue pelo *chairman*, com as devidas explicações, a todo o grupo de executivos que fará esse planejamento. Em outubro, em outro evento *off-site* de dois dias, o Conselho, a partir das apresentações do plano estratégico elaborado pela Executiva, discute e aprova o planejamento anual para o ano seguinte. Com o planejamento estratégico pronto, fazemos uma reunião com foco principal na aprovação do orçamento e uma última com foco na aprovação dos indicadores que comporão o Plano de Remuneração Variável dos executivos, com base nas aspirações financeiras e estratégicas do Conselho. Assim, completamos as dez reuniões do colegiado.

A maior parte das contribuições do Conselho acontece nas reuniões dos comitês. Hoje eles são seis: Finanças, Auditoria e Riscos, Pessoas e Governança, Estratégias, Expansão e Sustentabilidade. Cada comitê tem um líder, responsável por pautar reuniões com o *chairman* e o CEO, gerir o tempo das reuniões e aprovar os materiais de apresentações e as atas de cada uma delas.

O sucesso de uma boa governança passa, em primeiro lugar, por uma boa relação entre CEO e *chairman*. Desde o primeiro dia com Marcílio, deixei claro o quanto deveríamos ter uma relação íntima, aberta e transparente. Isso criou espaço para que concordássemos e discordássemos sem cerimônias sobre os mais variados temas, mas sempre com o objetivo final de fazer o melhor para a empresa. Afora nossas participações conjuntas em reuniões, temos, até hoje, semanalmente uma conversa de uma hora. Um ótimo momento para discutirmos problemas e alinharmos pontos de vistas, exercitando nossa intimidade.

Outro ponto fundamental é a capacidade do *chairman* de equilibrar diferentes pontos de vista entre conselheiros para chegar a uma decisão sem que nunca seja necessário votar uma matéria. É uma habilidade política que só adquiri no exercício da função. Passei por momentos de discordância quando discutimos o avanço de negociações para aquisição de redes de farmácias. Mais uma vez, sentindo que eu representava uma visão da minoria, concordei e trabalhei para acontecer. Ao final, por circunstâncias outras, elas não aconteceram. Para quem sai de uma posição de CEO para a de *chairman*, talvez esteja aqui o maior desafio para o sucesso na nova função.

Participo de vários fóruns de trocas com presidentes de Conselho. Tempos atrás, eu sentia que o que eu fazia era em geral muito diferente do que a maioria fazia à frente de seus Conselhos. Para meus pares, o meu Conselho parecia aberto demais, com comitês atuantes em excesso especialmente nos temas estratégicos, com um número exagerado de participantes, com formalidades de menos, entre outras opiniões que eu ouvia.

Hoje eu sinto que não há uma cartilha única a seguir e que trilhei o caminho correto para a RD Saúde, valorizando sempre a contribuição estratégica acima das demais. Com um dia a dia repleto de decisões, nenhum CEO no mundo é capaz de maximizar a eficiência operacional e, ao mesmo tempo, absorver tudo o que acontece no mundo dos negócios para questionar e ajustar a estratégia traçada.

A SUCESSÃO

Na minha visão, os grandes movimentos sucessórios devem acontecer quando as pessoas estão no topo da carreira, nem antes de esgotarem seu movimento ascendente, nem depois de iniciarem o movimento descendente.

No caso da RD, o processo de sucessão começou seis anos antes do anúncio do novo CEO. Entendendo cada vez mais que as novas estratégias exigiriam novos perfis, começamos a fortalecer as diretorias, criando algumas e, em alguns casos, efetuando trocas. Uma vez fortalecido esse grupo, afunilamos o processo de avaliação dos vice-presidentes, chegando a dois possíveis candidatos a CEO para serem trabalhados. Fizemos um *assessment* com ambos e definimos um Plano de Desenvolvimento Individual (PDI) para cada um deles. O plano envolveu participações em comitês do Conselho que não frequentavam, vários cursos no exterior e muitas viagens técnicas aos mais diversos pontos do mundo. Além disso, cada um tinha um mentor por ele escolhido para acompanhar o processo e transmitir experiências.

Os escolhidos foram Renato Raduan, VP de Operações, e Marcello de Zagottis, VP Comercial. Ambos tinham uma complementariedade enorme. Raduan, um grande líder de pessoas e um grande executor, e Marcello, um grande estrategista.

Ao final do processo, os dois foram considerados preparados para a função. Desde o início foi estabelecido que, se ambos fossem aprovados, ambos subiriam de posição; um na vaga de CEO, e outro em uma cadeira robusta, que uniria Comercial e Operações e seria denominada COO.

Ao mesmo tempo, Marcílio vivia seu melhor momento de carreira como CEO da empresa. Um problema? Não, uma solução. Ninguém mais preparado que ele para comandar o Conselho a partir da mudança do CEO. Marcílio liderou a empresa por mais de onze anos, com resultados extraordinários. Foi o grande comandante do processo de digitalização da companhia, colocando-a em outro patamar. Sua atuação foi fundamental para permitir uma transição sem descontinuidades e, mais que tudo, preservando a cultura instaurada. Em um Conselho tão estratégico quanto o nosso, Marcílio seria a peça-chave como guardião da estratégia traçada pela organização. Nesse contexto, não tive dúvidas em propor a minha sucessão, abrindo espaço para a entrada de Marcílio e a sucessão imediata do cargo de CEO. O escolhido para CEO pelo Conselho foi Renato Raduan, e Marcello foi alçado à posição de COO, abraçando a área de Operações, além daquelas que pertenciam a ele na cadeira de VP Comercial.

As posições de vice-presidentes que ambos ocupavam foram preenchidas também com sucessão interna. Portanto, todo o movimento se deu sem que fosse necessária qualquer contratação de fora da empresa.

> **No dia 7 de agosto de 2024, anunciamos as mudanças ao mercado. A reação foi excelente. Nada como um processo sucessório feito apenas com promoções internas.**

A familiaridade com a estratégia acordada para manter sua continuidade, a preservação da cultura secular da empresa, o olhar de longo prazo pactuado pelo grupo controlador, tudo isso são fatores que nos dão a certeza da continuidade.

Permaneci no Conselho, compondo o grupo de controladores, participando de três comitês, um deles liderado por mim, o Comitê de Expansão. Foi um movimento de alto grau de realização para mim, uma vez que uma liderança de tantos anos só poderia ser considerada de sucesso se eu formasse a sucessão. Esse movimento sucessório foi preparado não apenas para os próximos anos, mas sim para um novo ciclo de dez anos.

Anunciando a sucessão da empresa (2024)

Nosso Conselho de Administração (2024)

NOVOS CAMINHOS

Ao longo dos 35 anos em que fui CEO da Droga Raia, tinha muito receio de como seria minha vida quando deixasse a posição. Por outro lado, nunca passou pela minha cabeça continuar no cargo quando deixasse de ser o mais indicado para ocupá-lo. Seria uma destruição do meu legado.

No início de 2012, alguns meses depois de efetivada a fusão, iniciou-se um novo ciclo para mim. Um ciclo para o qual eu nunca tinha tido tempo de me preparar. Afinal, sentia-me no auge da carreira, pronto para iniciar um novo ciclo de CEO até a formação de um sucessor. Mas, como membro do grupo controlador, nunca faria sentido pleitear essa posição. Trabalharia me submetendo às críticas de meus pares do grupo de controle.

No dia seguinte às assinaturas, acordei mais tarde, tomei café da manhã e fui para a sala ler jornal, vestindo uma bermuda e uma camiseta. Minutos depois, entraram dois funcionários da marcenaria para um conserto em algum armário. Sinalizaram um sorriso, e retribuí instantaneamente. Mas, por trás daquele sorriso, o que veio à minha imaginação foi certamente "devem ter pensado: ricos não trabalham". Assim começou meu novo ciclo: com um grande vazio, uma depressão e uma necessidade de inventar tarefas para não me sentir inútil.

Meu desafio era grande, e o tempo para vencê-lo seria longo. Descartei de início preencher o tempo com atividades que não me desafiariam. Comecei a fazer reflexões sobre como seria minha vida dali para a frente. Quanto tempo eu dedicaria à empresa no futuro? Como preencheria o tempo restante? Decidi inicialmente passar um período viajando para fora do país. Fiquei dois meses em Londres tentando aprimorar meu inglês. Fiz várias outras viagens, algumas sozinho, algumas com minha mulher e outras com casais de amigos, para comemorar meus sessenta anos.

Minha geração cresceu mirando uma aposentadoria ao redor de 65 anos e dedicando o restante da vida a viajar, cuidar dos netos ou viver em um sítio ou na praia. Eu me sentia no auge do meu potencial intelectual, mas todo o meu tempo durante minha carreira profissional tinha sido dedicado à Raia. Com toda a energia que eu tinha, precisaria me reinventar. Recebi alguns convites para integrar Conselhos. Não aceitei.

Entendi então que poderia usar a experiência de minha carreira profissional em favor da sociedade. Minha situação financeira estava resolvida, não me entusiasmava construir uma nova vida criando empreendimentos ou mergulhando no mercado financeiro para multiplicar meus recursos.

A primeira oportunidade surgiu de um convite que recebi de um jovem politécnico para fazer parte do Amigos da Poli, um fundo patrimonial que estava sendo construído com doações de ex-alunos da faculdade. Pareceu-me justo retribuir o que a escola me havia dado durante os cinco anos que estudei sem pagar um único centavo. Entrei para o Conselho do fundo, assumindo a vice-presidência pouco tempo depois.

O fundo destinava seus rendimentos a projetos que visavam ao desenvolvimento de alunos, financiando pequenas iniciativas escolhidas a partir de um edital, com a finalidade de desenvolver a capacidade técnica de alunos e fortalecer o trabalho em grupo. Eram aproximadamente quinze projetos por ano, abarcando na média cinco alunos apoiados por um professor.

Lembrei-me do meu tempo de faculdade, quando tínhamos um currículo com matérias predominantemente técnicas, que desenvolviam nosso raciocínio lógico de forma extraordinária, mas que não contemplavam o desenvolvimento de aspectos emocionais, fundamentais para a vida profissional. Pensei na insegurança que sempre tive ao longo dos anos que cursei a faculdade sem fazer qualquer apresentação para a classe, ou até mesmo fazer uma pergunta aos professores, com receio de me expor.

De maneira geral, vejo nos politécnicos uma capacidade privilegiada de estruturar um raciocínio para resolver qualquer problema, mas em muitos casos carecendo de determinação para liderar um grupo de projeto, tomar a frente de uma apresentação para uma instância superior, liderar a implementação, montar um time para levá-lo adiante, motivando-o até fazer as coisas acontecerem.

> **Apresentei ao Conselho do Amigos da Poli a ideia de uma trilha de carreira que focasse o desenvolvimento das competências emocionais dos alunos, as *soft skills*.**

Nascia assim o embrião do que mais tarde seria o Centro de Carreira da Poli. De início, contratamos uma consultoria para nos ajudar a revisitar o propósito do fundo patrimonial.

A partir de algumas rodadas de reuniões, entendemos que deveríamos ampliar o escopo do fundo, abrindo uma vertente de desenvolvimento das competências dos futuros engenheiros, e não apenas visando à solução de problemas por meio dos projetos financiados pelos editais. Com um grupo extremamente dedicado de ex-alunos, começamos a desenvolver um programa de carreira em quatro módulos, iniciando por autoconhecimento e terminando com estágio de dois meses em empresas diversas.

Foi assim que nasceu o Centro de Carreiras, que prepara alunos para o mercado de trabalho, hoje oferecendo Programas de Carreiras, Programas de Startups, Programas de Inovação, Trilhas de Desenvolvimento e Programas de Mentoria. Desde o início do programa, em 2016, mais de dois mil alunos foram impactados.

Antonio Carlos Pipponzi (ACP) é uma figura central na história do Amigos da Poli, apoiando a organização desde os seus primeiros passos. Além de doador benemérito, uma das suas contribuições mais marcantes foi a criação do Centro de Carreiras da Poli, que acabou se tornando o maior centro de carreiras da América Latina.

– Lucas Sancassani | CEO do *Endowment* Amigos da Poli

Durante o período em que estive no Conselho, convivi com alguns grandes empresários, todos ex-politécnicos, e mais de uma centena de ex-alunos jovens que se dedicavam à causa. Muito diferente de tudo o que havia vivido nos tempos de faculdade, quando jamais imaginávamos dedicar parte do nosso tempo a um trabalho voluntário tão importante.

Saí do Conselho do Amigos da Poli pouco tempo depois, com uma sensação clara de ter deixado um legado muito relevante, que se mantém até hoje.

Na mesma época, entrei para o Endeavor, um instituto que opera no mundo todo com a finalidade de desenvolver o empreendedorismo. Comecei em 2013 como Embaixador, parte de um seleto grupo de empresários que contribuem financeiramente e orientam jovens empreendedores.

> **A cada empreendedor que mentoreio, presencio um negócio diferente, momentos diferentes, problemas e oportunidades diferentes para eu contribuir. Eu me envolvo de corpo e alma, como se o negócio fosse meu.**

Ao final, a percepção de ter contribuído dá uma sensação maravilhosa de estar intelectualmente vivo. Por outro lado, como aprendo com esses jovens! Eles são a prova mais viva do potencial que temos para a construção de um grande país. Sinto um orgulho enorme quando passo em frente a um negócio para cujo sucesso, de uma forma ou outra, contribuí com algum conselho. Também quando, em eventos, sou procurado por alguns deles com referência a algum passo importante que os ajudei a dar. Apesar de não ter uma contagem exata, estou certo de que já ultrapassei uma centena de mentorias. Em 2020, recebi o prêmio de Mentor do Ano, dado ao mentor que mais tempo dedicou às mentorias ao longo do ano.

Em 2015, tive o privilégio de conhecer Antonio Carlos Pipponzi por meio da Endeavor, e isso transformou minha trajetória. Com sua atenção, suas provocações e ideias, ele me guiou em uma jornada de reinvenção. Na época, eu liderava uma operação tradicional com poucas lojas. Hoje, somos mais de quatrocentas unidades, com uma operação extremamente digitalizada e um crescimento consistente. A inspiração vinda da RD e de suas mentorias foi um pilar fundamental para eu construir minha história de empreendedorismo.

– Tiago Mendonça | Fundador e CEO ABC Materiais de Construção

Continuo sendo bastante procurado para assessorar jovens empreendedores selecionados por meio do rigoroso processo do Instituto Endeavor; é algo bastante gratificante. No ano de 2024, tive a oportunidade de mentorear dez startups, das mais diferentes especialidades, finalizando sempre com a sensação de ter deixado contribuições.

Foi assim com Rogério, da maior rede de cursos profissionalizantes do país; Israel, com sua plataforma de *loyalty*; Guilherme, com sua plataforma de telemedicina; Alexandre, com sua *martech*, de retenção de clientes; Marcus, com sua startup de comunicação digital; Rafael, com seu *e-commerce* de acessórios personalizados; Guilherme e Ronaldo, com suas clínicas de cirurgias oftalmológicas; Vitor, com o maior escritório de contabilidade do país; Gustavo, com soluções naturais voltadas para a saúde; e Tiago, com plataforma de materiais de construção.

A partir da minha entrada no Endeavor, comecei a sentir que encontrava meu caminho para um novo ciclo. Sem qualquer tipo de remuneração – ao contrário, com doações, não só financeiras como também de tempo, a mais impactante das doações que eu poderia dar.

Em 2013, fui convidado a participar de um fórum no Instituto Brasileiro de Governança Corporativa (IBGC), referência em práticas de governança no país. Passei a frequentar almoços bimestrais com ricas discussões de boas práticas com presidentes de Conselho de Administração de empresas de capital aberto. Na empresa eu engatinhava na montagem de um Conselho que me desse toda a segurança de cumprimento das normas e das boas práticas, mas que ao mesmo tempo se tornasse um órgão de impacto na geração de valor para a companhia.

Os fóruns acontecem até hoje. A troca de experiências é rica, muitas vezes provocada por apresentações de especialistas sobre temas de interesse. Dessas trocas nasceu uma forte paixão pelo tema de governança corporativa. Foram importantes não só para desenvolver ideias e direcionamentos para montar a governança da empresa, como também para assimilar um repertório que me permite auxiliar companhias familiares, empreendedores e organizações da sociedade civil em geral.

Passei a ser convidado a participar dos cursos de preparação para conselheiros. Há vários anos tenho sido convidado todos os semestres. No Curso de Iniciação, faço uma palestra de uma hora com direito a perguntas e discussões. Já no Curso Avançado, com o professor Oscar Boronat, fazemos uma simulação do nosso *case* de fusão. O material é distribuído previamente para os alunos, formam-se comitês para preparação da participação na reunião, e eu me apresento como presidente do Conselho para comandá-la. As propostas aprovadas na reunião obviamente não são as que foram aplicadas na prática. Por conta disso, ao final faço uma breve apresentação de como conduzimos a fusão. A avaliação dessa atividade pelos alunos a tem feito se repetir uma ou duas vezes ao ano desde 2018.

Além disso, participo do Programa de Mulheres no Conselho, um programa de mentorias para capacitação para mulheres ocuparem cargos de conselheiras. Participei de quatro edições seguidas, cada qual com uma mentoreada diferente. Acredito que me tornei amigo e conselheiro de todas elas, mesmo depois do período de seis meses de duração do processo.

Ter Pipponzi como meu mentor durante os últimos cinco anos tem sido um grande privilégio. Seu apoio e sua sabedoria me guiaram em decisões importantes na minha carreira executiva e no início da minha jornada como conselheira independente. Sou profundamente grata por sua orientação e pelo impacto que ele teve na minha vida profissional.

– Ana Bógus | Presidente da Nivea no Brasil
Mentoreada em 2019

Palestrando em evento do Instituto Brasileiro de Governança Corporativa

IDV

Em 2016, durante uma das viagens com o time da Expansão por algum canto do país, recebi um telefonema da Luiza Trajano, que na época era presidente do Instituto para Desenvolvimento do Varejo (IDV). O IDV nasceu de um grupo de aproximadamente dez empresários do varejo, com o objetivo principal de combater a sonegação de impostos no país. Passados quinze anos, o IDV tinha setenta associados, que representavam 25% do varejo do país – uma enormidade, uma vez que a grande maioria é composta de pequenos varejistas.

Com seu jeito direto, Luiza me cumprimentou e sem rodeios perguntou se eu aceitaria assumir a presidência do IDV. Agradeci o convite e disse que iria pensar, embora naquele instante o NÃO fosse claro na minha cabeça.

Quando voltamos a conversar, Luiza falou algo que me tocou profundamente: que eu tinha potencial para fazer muito mais pelo país do que eu imaginava.

Com essa fala, meu NÃO virou SIM. Mas coloquei uma condição. Primeiro faríamos um trabalho conjunto de revisitação do propósito e dos valores do IDV, com a participação de todo o Conselho.

O desafio era entender como as lideranças enxergavam o IDV e alinhar essas visões. Contratamos uma consultoria para mediação e fizemos um evento fora de São Paulo com todo o grupo de conselheiros. Concluímos que seríamos uma instituição que lutaria pelo ambiente de negócios do país, sem abrir mão da isonomia e da liberdade de mercado, e sempre respeitando a premissa "Bom para o varejo e bom para o Brasil".

Assinamos em um *flip chart*, que dava legitimidade ao propósito e aos valores definidos pelo grupo. Dali para a frente, quem quisesse entrar no IDV deveria mostrar balanço auditado, assinar a concordância com o estatuto e a carta de valores e princípios.

Fiquei muito feliz com os resultados do trabalho e confiante de que lideraria um instituto que, diferentemente da maioria, lutaria pela melhoria do ambiente de negócios no país, acima das causas menores, em alguns casos desalinhadas com o crescimento econômico do Brasil. Isso me motivou demais. Com esse posicionamento, perdemos alguns poucos associados, mas ganhamos força para nossas lutas que estariam por vir.

Em 30 de abril de 2017, assumi a presidência do IDV, apontado pela chapa indicada pela assembleia. Inicialmente, meu foco foi a governança, organizando comitês para cada tema, todos liderados por conselheiros. Revisitamos o estatuto adequando-o à nova realidade e estabelecemos uma agenda fixa para o Conselho, com pautas propostas pelas lideranças dos comitês. Adiante, passei a focar também o "D", de Desenvolvimento, criando um evento de três dias para todos os associados com uma série de palestrantes, alguns deles internacionais. No primeiro tivemos Komal Ahmad falando sobre negócios com propósito, Ashish Gadnis falando de *blockchain*, entre outros. Esse evento anual permanece até hoje.

Mas a força do IDV já estava e continuou a estar na luta pelas causas mais relevantes para o varejo, sempre com pleitos alinhados com o desenvolvimento do país. Luiza nunca deixou de ser a grande liderança, com uma capacidade incrível de mobilizar as pessoas na busca de soluções para os problemas do varejo.

Acho interessante pensar que, se por um lado eu e a Luiza Trajano temos os mesmos valores, por outro somos muito diferentes na forma de liderar. Eu, com meu estilo engenheiro, respeitando uma governança estabelecida a partir das demandas vindas dos comitês, pautava as reuniões de Conselho para então aprovarmos nossas ações. Luiza, com seu jeito prático e focado e sua incrível capacidade de mobilizar pessoas, antecipando-se aos problemas, sem dar muita atenção à pauta. Foram trombadas e mais trombadas que hoje lembramos com muitas risadas. Hoje somos amigos, e a tenho como um exemplo de patriota, que consegue unir mais de 150 mil mulheres para lutar por todas as causas do país. Só quem a conhece com mais profundidade pode conhecer sua exata dimensão, seu valor e seu potencial de realização.

"Governança forte corrige até estratégias medíocres, enquanto até boas estratégias sem governança podem destruir até os melhores projetos." Se pudéssemos sintetizar a inspiradora passagem do amigo Pipponzi numa frase, essa seria a escolhida. Tal visão não apenas transformou a nossa entidade, como irradiou os seus efeitos positivos a todos os associados. Sua passagem correspondeu a um período efervescente que coincidiu com as reformas estruturantes para o varejo. Sua liderança generosa e visão inspiradora consolidaram a nossa "cola". Esse ingrediente mágico que transformou um dos mais competitivos setores da economia em um ambiente de ética, companheirismo e cooperação.

Pipponzi é o tipo de líder que eleva todo o grupo. É um privilégio fazer parte dessa história ao lado dele.

– Flavio Rocha | Presidente do Conselho do grupo
Riachuelo e Conselheiro do IDV

Pipponzi desempenhou um papel fundamental durante sua gestão como presidente do Instituto para Desenvolvimento do Varejo (IDV). Sempre atento à importância da governança para garantir a durabilidade das instituições, ele revisou e aprimorou os propósitos e estatutos da entidade, proporcionando um significativo avanço em sua estruturação. Atualmente, continua contribuindo de forma valiosa como conselheiro.

– Luiza Trajano | Presidente do Conselho do Magazine Luiza e Conselheira do IDV

A experiência de liderar o IDV foi fantástica para mim. Pude conhecer as instituições do país como de fato funcionam. Foi um período de lutas por reformas que avançavam nas pautas do Congresso. Entre 2017 e 2018, visitei as principais lideranças da Câmara para defender a reforma da Previdência. Percebi a fragilidade dos argumentos que levam líderes de bancadas a orientarem seus deputados na votação. Discursei na tribuna do Senado na defesa da reforma trabalhista. Como naquele dia a bancada favorável já dava como certa a votação, ela praticamente se ausentou da discussão. Eu, além de discursar, passei a responder a perguntas agressivas, algumas delas colocações de baixo nível pelo grupo remanescente. Por outro lado, tive também conversas com vários outros deputados, muito lúcidos e preocupados com o teor do projeto.

Depois da aprovação, ainda veio a luta contra as ações diretas de inconstitucionalidade (ADIN) no Judiciário, quando tive a oportunidade de conhecer e dialogar com quase todos os juízes do Supremo (STF), defendendo a manutenção da reforma aprovada.

Em 2018, tivemos eleições para a Presidência da República. Levamos quase todos os candidatos a apresentarem suas propostas e responderem perguntas, em almoços com presenças maciças dos associados. Mais uma experiência muito rica, lado a lado com candidatos recebendo as mais diversas perguntas que os tiravam da zona de conforto.

Também fomos algumas vezes a Brasília, antes e depois da posse de Bolsonaro, visitando todos os ministros da área econômica, apresentando nossas visões, especialmente com relação à reforma tributária, que já estava em discussão. Entender de perto toda a inércia que existe para se implementar qualquer reforma foi um grande aprendizado.

Pessoalmente, a experiência me ajudou a compreender com muita clareza que nenhum problema do país será resolvido de forma radical. Discussões políticas devem ser sérias, olhando sempre para os dois lados. A democracia pressupõe discutir e acordar posições diferentes. Não concordo com a afirmação de que política não se discute. Foi essa visão que nos levou a um nível de polarização irracional sem nenhuma profundidade nas discussões.

Pude dar continuidade a uma forma equilibrada de atuação, que sempre abriu portas para conversarmos diretamente com congressistas, ministros e membros dos três poderes em geral, para apresentar problemas de maneira clara e transparente e buscar soluções em grupos compostos das duas partes. Até hoje somos percebidos como um instituto diferenciado, que nunca luta por privilégios, mas sim por soluções para um varejo e um país melhor. Não temos dificuldades de sermos recebidos por qualquer autoridade, seja presidente da República, seja secretário de um ministério, exatamente por conhecerem a forma como atuamos.

Deixei a presidência ao final do meu mandato, em abril de 2019, com a certeza de ter preservado o legado e contribuído muito para ajustar uma governança compatível com o tamanho a que o IDV havia chegado.

Defendendo a reforma trabalhista na tribuna do Senado (2017)

Recebendo os candidatos à presidência no IDV

INSTITUTO
ACP

Quando fizemos nosso plano de sucessão na Droga Raia, nos anos 1990, ficou estabelecido que nossos filhos fariam um estágio de um ano para conhecer a empresa. Fosse como futuros sócios ou candidatos a conselheiros ou executivos, era preciso conhecer a companhia. Rodrigo, meu filho mais velho, que cursava Administração de Empresas na FGV, foi cumprir um período na organização. Bastaram três meses para pedir para encerrar sua participação. Ele sempre demonstrou uma veia empreendedora, e de fato nunca se realizaria com uma vida executiva.

Poucos meses depois de se formar, ele me convidou para jantar e anunciou o início de uma empreitada. "E qual seria?", perguntei. Um pouco sem jeito, contou sobre a formação de uma empresa com um amigo cartunista, verdadeiro talento nessa arte. Pensei e respondi: "Você vai vender os desenhos do seu amigo?". Não lembro o que ouvi como resposta, mas em nenhum momento fui duro na minha manifestação de contrariedade.

Rodrigo montou um estúdio com dois amigos e começou a trabalhar com conteúdos e ilustrações de revistas e livros para o mercado de agências e editoras. Seis meses depois, eu o chamei para jantar no mesmo local e disse a ele que estava de acordo com sua decisão.

O tempo foi passando, Rodrigo separou-se dos sócios, e seu negócio evoluiu para uma editora, a MOL, focada em conteúdos para marcas, que logo mostrou sua vocação com os desafios do setor social brasileiro. Desenvolveu modelos de revistas, livros, calendários e até álbuns de figurinhas, com conteúdos alinhados com varejistas de vários setores, para vendê-los no caixa dessas redes, com o lucro dessas vendas destinado a organizações do terceiro setor.

A ideia se mostrava muito interessante, uma vez que, para as organizações que captam recursos, é mais seguro buscar pequenas doações de muitas pessoas do que grandes doações de poucas. O caixa das lojas é um ponto em que clientes estão com as carteiras abertas. Se estimulados a comprar um produto editorial com a finalidade de doação, são muito mais abertos a fazê-lo, gerando assim um ato generoso. Assim foi na Droga Raia, quando tudo começou, com o lançamento da revista *Sorria*, em 2008, e assim está sendo até hoje em várias empresas varejistas do país.

Em 2018, Rodrigo foi agraciado com o prêmio de Empreendedor Social do Ano pela *Folha de S.Paulo*, e no ano seguinte, reconhecido como inovador social pela Fundação Schwab, rede de empreendedores sociais do Fórum Econômico Mundial, o que ampliaria muito sua atuação fora do país.

E foi nessa época, pensando em me engajar no mundo da filantropia, que comecei a conversar com ele para entender como poderíamos construir como família um legado para o país. O primeiro passo foi no sentido de viver uma experiência nesse campo. Convidei meus filhos a se envolverem com um projeto social por um ano, disponibilizando uma verba de doação para cada um, com o compromisso de nos encontrarmos mensalmente para dividir os aprendizados.

Rodrigo, que já se envolvia muito com o empreendedorismo social e sempre amou esportes, optou por apoiar o Instituto Patrícia Medrado, fundado pela premiada tenista brasileira que dá nome à organização, que atendia em São Paulo dezenas de crianças promovendo formação no contraturno por meio do tênis e de outras atividades educacionais.

Bruno já se envolvia com o Instituto Ondas, fundado pelo ex-surfista bicampeão brasileiro Jojó de Olivença, que provê atividades extraescolares para crianças do Guarujá, e se propôs a fortalecer a organização melhorando as instalações, aumentando a capacidade e reformulando o plano psicopedagógico.

Beto se envolveu com o Instituto Guri, que promovia o ensino da música, uma de suas paixões, para crianças vulneráveis, em parceria com o governo do estado.

> **Foi a partir dessas experiências que entendemos que as organizações do terceiro setor sofriam dos mesmos problemas: falta de investimentos em suas estruturas de gestão e governança para serem mais eficientes no que fazem.**

A partir dessa visão, resolvemos inovar criando um instituto que estimulasse o desenvolvimento institucional das organizações do terceiro setor do país.

A ideia inicial era selecionar, a cada ano, três a quatro projetos de desenvolvimento institucional de diferentes organizações do terceiro setor (ONGs) e financiá-los à medida que fossem executados, em um prazo máximo de três anos. O princípio era que os recursos só poderiam ser utilizados para o desenvolvimento da instituição, e não como uma doação para aplicação em programas ou projetos de apoio direto aos seus beneficiários.

Meus filhos insistiram para que o instituto levasse meu nome. Relutei no início, mas logo entendi que o significado disso estava na construção do legado: carregar meu nome era uma forma de perpetuar os valores que construí para as futuras gerações. Foi assim que nasceu o Instituto Antonio Carlos Pipponzi, carinhosamente chamado de Instituto ACP, sigla pela qual sou chamado por todos na empresa.

O conceito foi absorvido com clareza pelo terceiro setor, e, desde que iniciamos esse trabalho, já doamos recursos para o desenvolvimento de dezenas de instituições pelo país, de diversos portes, causas e regiões.

O instituto foi crescendo, e o escopo, se ampliando: além do apoio direto às organizações, entendemos nossa vocação de estudar o tema do desenvolvimento institucional e trabalhar para que ele possa se desenvolver no país. Hoje não apenas realizamos doações por meio do nosso fundo próprio (selecionando entre quatro e seis organizações novas a cada dois anos para novos ciclos de apoio), como também coordenamos diferentes iniciativas que trabalham pela nossa vocação.

O Instituto ACP foi um sólido ponto de apoio para darmos mais impulso ao trabalho e aos resultados do Todos pela Educação, apoiando o desenvolvimento institucional e a profissionalização da gestão de pessoas.

– Priscila Cruz | Presidente Executiva do Instituto Todos pela Educação

O apoio do Instituto ACP foi fundamental para o fortalecimento institucional da Feira Preta, permitindo um olhar mais estratégico sobre governança, gestão financeira e equipe. Durante três anos, avançamos na construção de uma nova teoria da mudança, ampliando a visão de impacto para além do público atendido e focando também a sustentabilidade da organização. Esse processo nos consolidou como uma organização servidora, não salvadora, garantindo maior consistência e longevidade à nossa atuação. O investimento do Instituto ACP impulsionou nossa capacidade de transformação social com mais estrutura e propósito.

– Adriana Barbosa | CEO do Instituto Feira Preta

Criamos uma comunidade de aprendizagem, trocando experiências sobre o tema do desenvolvimento institucional entre as organizações apoiadas; empreendemos com outros parceiros a Conjunta, plataforma que busca dar acesso a ONGs de todo o Brasil a todo tipo de conhecimento sobre desenvolvimento institucional; e realizamos constantemente eventos e encontros com outros investidores sociais para que possam qualificar suas doações no mesmo sentido que fazemos.

Além disso, passamos a construir novos fundos temáticos de apoio para o desenvolvimento institucional de organizações, trazendo coinvestidores para doarem em causas diversas.

O financiamento do IACP até hoje é todo feito por mim e meus três filhos, Rodrigo, Bruno e Beto. E a governança é cuidada de forma extremamente profissional: tendo Rodrigo na presidência, o Conselho conta com Bruno como único membro familiar e mais quatro conselheiros independentes, além de dois conselheiros fiscais.

Minha participação, além de doador, se resume às conversas de mentorias que faço uma vez por ano com as lideranças das ONGs apoiadas, bem como às visitas de caráter institucional a algumas delas. Aprendo muito. Ao mesmo tempo percebo o enorme espaço de contribuição entre o segundo setor (empresas em geral) e o terceiro.

Os planos do IACP são ambiciosos, e, desde a sua fundação, temos evoluído em ritmo exponencial, enxergando-nos como agentes de transformação para garantir uma sociedade civil brasileira cada vez mais fortalecida – algo que acreditamos, como família, ser fundamental para construir o país que queremos. Como diz nosso manifesto: nós acreditamos na potência de uma sociedade que se corresponsabiliza pela busca de soluções para seus desafios e que se organiza para encontrá-las.

Vejo no instituto um legado a se perpetuar na família: uma oportunidade que meus netos terão de se envolver desde cedo com as questões sociais do Brasil e, com isso, olhar o mundo com lentes maiores, procurando ser sempre atores nas mudanças para um mundo melhor.

Evento anual de nosso instituto (2023)

ONTEM, HOJE E AMANHÃ

Quando comecei minha carreira, no dia 7 de fevereiro de 1977, a empresa era pequena, com sete farmácias e pouco mais de cem funcionários. Sempre me relacionei com todos, de forma simples e direta. Fazia supervisão das lojas, implantava processos *in loco*, acompanhava contagens de inventário de lojas de ponta a ponta e até a madrugada, trocava disquetes no fechamento de lojas quando não tínhamos teleprocessamento – aliás, lembro-me muito de meus irmãos, Franco e Rosalia, fazendo o mesmo –, acompanhei e ajudei a fechar e carregar caixas de medicamentos em momentos críticos em que estoques de lojas precisavam ser retirados ou reordenadas no fim de semana sem que a loja deixasse de reabrir na segunda.

Não tenho dúvidas de que a liderança que conquistei foi inspiracional. Ela foi uma conquista que obtive sempre pelos exemplos. Nunca deixei de me relacionar com todos os funcionários, do auxiliar de loja ao executivo, sempre no mesmo tom. Desenvolvi relações de confiança com todos que liderei. Nunca fiz nada para algum deles que tivesse de pedir para não comentar com outro. A falta de transparência quebra a confiança e joga contra o desenvolvimento de uma liderança inspiradora.

Depois de viver o prazer dessa liderança que tanto me preenchia, senti um golpe duro ao abrir mão dela para assumir a posição de *chairman* da nova empresa. Eu sentia viva a capacidade enorme de continuar exercendo a função de líder executivo, preparando a sucessão no tempo certo.

Na liderança do Conselho, sinto que exerci meu papel, unificando as companhias a partir da união conquistada com o grupo de controladores, apoiando Marcílio em todos os momentos, mantendo viva a cultura do cuidar trazida da Raia, criando espaços para a discussão estratégica compartilhada com a Alta Executiva e montando um Conselho com uma governança da qual muito me orgulho.

Quando, em final de 2024, encerrei meu último ano à frente do Conselho, a empresa contava com 3.230 farmácias, mais de 61 mil colaboradores e um faturamento anual acima de R$ 40 bilhões. Segundo o portal *Insider Monkey*, a sétima maior rede de farmácias do mundo em valor de mercado.

Passados 48 anos liderando uma empresa que tanto amei, 35 anos como CEO da Raia e 13 como presidente do Conselho da Raia Drogasil (hoje RD Saúde), sinto-me realizado com tudo que ajudei a construir. Sair no momento certo, combinando com um processo de sucessão como o que fizemos, foi o coroar da minha carreira. E como prêmio, continuo ajudando a construir nossos sonhos para a companhia, sonhos que para mim nunca terminarão.

Vivi as quatro gerações da empresa. Na primeira, muito próximo a Herculano, aprendi que a farmácia é um local de atender às necessidades do cliente à frente de qualquer venda; na segunda, junto a meu pai, aprendi a desenvolver um senso de empreendedorismo que permeou minha carreira; na terceira, com meus irmãos, aprendi a compartilhar um sonho de construção de um legado, colocando sempre o interesse da empresa acima de nossos interesses individuais; na quarta, com meus sobrinhos e meu filho, aprendi a olhar o negócio em um contexto global, desenvolvendo meu repertório estratégico. Nunca trabalhei pelo dinheiro. Trabalhei com muita paixão voltado a um grande sonho. O patrimônio que conquistei veio sempre atrás do sonho.

Meu maior legado está nas pessoas que consegui impactar, seja na minha atuação na empresa, seja na dedicação para contribuir com meu tempo e minha experiência com todos que me procuram fora dela.

Uma das minhas maiores realizações está nas centenas de milhares de jovens que inserimos no mercado de trabalho formal, com valores sólidos e um início de carreira com muito aprendizado. Feliz com os que seguiram carreiras longas, mas também com os que permaneceram por pouco tempo aproveitando seu desenvolvimento para seguir carreira em outros ambientes.

Aos 72 anos, com muita saúde, me alimento bastante do carinho dos amigos que tenho. Cultivo com muito humor e alegria meus três grupos de amigos que sempre marcaram a minha vida. Os amigos e as amigas da Escola Politécnica, do Clube Alto dos Pinheiros e do Colégio Santa Cruz. Em todos esses grupos sempre procuro tomar iniciativas para mantê-los unidos, com vários jantares e várias comemorações. E considero muito os amigos empresários que conquistei depois dos sessenta anos, amigos por convergência de olhar de mundo, com os quais aprendo demais a cada dia de convívio.

Com relação à família, mesmo com toda a minha entrega para a empresa, tive a felicidade de dar aos filhos uma formação de que muito me orgulho, o que foi possível com o trabalho incansável da minha primeira mulher, Isaurinha, com quem vivi quarenta anos casado. Sofri muito com a separação, mas sinto que fizemos o certo, reconstruindo nossas vidas em novos casamentos. Tenho bastante orgulho de termos conseguido passar a eles os valores nos quais acreditamos, para que entendessem que o sentido da vida é fazer diferença na vida das pessoas. Estou certo de que conseguimos. Ter meus três filhos juntos no nosso instituto, dedicando-se a causas tão nobres, é a maior prova disso. E com um legado que amanhã permitirá a meus netos entenderem os privilégios que tiveram e colocarem parte de seus esforços para a construção de um mundo mais justo.

Vivo também o privilégio de aproveitar os netos: Pietro, Matteo, Antonio, Artur, Isabel e Francisco. É maravilhoso curti-los todos os meses comendo de palitinho juntos com o vovô naquele restaurante japonês.

Tenho muito apego à vida e me preparo para um futuro longevo, com qualidade. Meu grande objetivo, e o maior sentido para o futuro, é continuar impactando positivamente a vida das pessoas, sejam jovens, empreendedores, executivos, líderes de empresas familiares ou organizações da sociedade civil em geral.

Meus filhos e netos comemorando meus 72 anos (2024)

Curtindo férias com minha esposa, Martha